左派ポピュリズムのために

Chantal Mouffe
シャンタル・ムフ
山本 圭／塩田 潤＝訳

明石書店

エルネスト へ

人間は運命のままに身をまかせていくことはできても、これには逆らえない。つまり、人間は運命の糸を織りなしていくことはできても、これを引きちぎることはできないのだ。

けれども、なにも諦めることはない。なぜなら、運命が何を企んでいるかわからないし、どこをどう通り抜けてきて、どこに顔を出すものか、皆目見当もつきかねる以上、いつどんな幸福がどんなところから飛び込んでくるかという希望をもち続けて、どんな運命にみまわれても、またどんな苦境に追い込まれても投げやりになってはならないのである。

ニッコロ・マキャヴェッリ『ディスコルシ』第二巻第二九章

目次

凡例

・本書は Chantal Mouffe, *For a Left Populism*, Verso Books, 2018 の全訳である。
・原著者による注は（）内の数字で示し、訳者による注は訳者注で示した。
・〔〕内の記述はすべて訳者による補足である。
・欧文のイタリック体は原則として傍点で示した。
・大文字で始まる単語は原則として〈〉で示した。

左派ポピュリズムのために

序論

本書のもととなったのは、現代の情勢の性質を理解し、「ポピュリスト・モーメント」と表現される困難な状況を捉えることが、左派にとって急務であるという確信である。私たちが目撃しているのは、新自由主義的なヘゲモニー編成の危機と、この危機からいっそう民主的な秩序が構築される可能性である。このチャンスを摑むためには、過去三〇年のうちに起こった様々な変化の性質と、それらが民主政治にもたらした帰結を受け入れる必要がある。

私は、かなり多くの社会主義政党や社会-民主主義政党が、不適切な政治概念に固執するあまり混乱に陥っていると考えている。そうした政治の概念に対する批判が、長年のあいだ私の著作において中心的な位置を占めてきた。この批判を始めたのは、一九八五年に出版されたエルネスト・ラクラウとの共著『民主主義の革命――ヘゲモニーとポスト・マルクス主義（*Hegemony and Socialist Strategy: Towards a Radical Democratic Politics*）』においてであった。

私たちを突き動かしていたのは、次のことである。すなわち、マルクス主義者であれ社会-

民主主義者であれ、左派政治は一九六八年の反乱を皮切りに台頭した、一連の運動を考慮できていなかった。これらの運動は様々な支配形態への抵抗であり、階級によっては捉えることのできないものだ。第二派フェミニズムやゲイ・ムーヴメント、反レイシズム闘争、そして環境をめぐる諸問題が、政治の風景をすっかり塗り替えてしまった。にもかかわらず、伝統的な左派政党は、これら諸要求の政治的性格を容認することができず、これを受け入れようとしなかった。これらの欠点を改善するためにこそ、私たちは事態の原因を検討することにしたのだ。検討を開始してすぐ、克服すべき課題が、左派の思考を支配している本質主義的な考え方（パースペクティヴ）に起因していることがわかった。私たちが「階級本質主義」と呼ぶこの考え方によれば、政治的アイデンティティとは、生産諸関係において社会的行為者（エージェント）の占める位置を表すものであり、彼らの利益はこの位置によって規定されている。こうした見方が、「階級」にもとづくことのない諸要求を理解できないのは当然であった。

『民主主義の革命』では、ポスト構造主義の知見を用いて、この本質主義的アプローチに異議を唱えることに主要な議論を割いている。ポスト構造主義とアントニオ・グラムシの洞察を組み合わせることで、私たちは新しい「反‐本質主義的」アプローチを展開し、様々な支配形態に対する多様な闘争を捉えようとした。これらの闘争の節合に政治的な表現を与えるために、私たちは「民主主義の根源化（radicalization of democracy）」として社会主義プロジェクトを再定義しようとしたのだ。

このようなプロジェクトは、労働者階級の要求を新しい運動の要求に節合する「等価性の連鎖」によって成り立つものだ。これにより、「共通の意志」を構築し、グラムシが「拡張的へゲモニー（expansive hegemony）」と呼んだものの創出をめざすことができる。「根源的で複数主義的なデモクラシー」という用語で左派のプロジェクトを再定式化することによって、私たちは左派のプロジェクトを民主主義の革命という、いっそう広汎な領域に位置付けた。そして、解放を求める様々な闘争が、多様な社会的行為者とその闘争の複数性にもとづいていることを示したのだ。このことによって、社会的対立の領域は、労働者階級のような「特権的な行為者」に集中していたところから、拡張されることになった。私たちの議論に対する不誠実な読解に対して、誤解のないように言っておきたい。私たちは、労働者階級の諸要求を犠牲にして、新しい運動の諸要求を特権化しているのではない。私たちが強調しているように、左派政治にとって必要なのは、どの闘争もア・プリオリに中心化することなく、様々な従属形態に対する諸闘争を節合することなのである。

同時に私たちは、民主主義のための闘争を拡張し、根源化することによって、完全に解放された社会が実現されるわけではないこと、そして解放に向けたプロジェクトは、もはや国家の廃棄としては考えられないことを示した。敵対性や闘争、社会的なものの部分的な不透明性といったものがつねに存在するだろう。だからこそ、透明で調和した社会としての共産主義の神話――これは明らかに政治の終わりという含意をもっている――を放棄する必要があったわけだ。

『民主主義の革命』が書かれたのは、戦後に確立した社会 - 民主主義的なヘゲモニー編成の危機的な局面においてである。社会 - 民主主義的な価値観は、新自由主義からの攻勢を受けてはいたものの、当時はまだ西欧のコモンセンスの形成に大きな影響を与えていた。そして私たちの目標は、それらをいかにして守り、どのようにして根源化するかを構想することであった。残念なことに、二〇〇一年に出版された『民主主義の革命』第二版では、新しい序文に、初版を刊行してからの一五年のあいだに起こった深刻な後退について書き記さなければならなかった。ますます多くの社会 - 民主主義政党が、「近代化」という見せかけのもとで「左派」のアイデンティティを捨て去り、みずからを「中道左派」として婉曲的に再定義するようになったのだ。

二〇〇五年に刊行した『政治的なものについて（*On the Political*）』で分析したのは、このような新しい情勢であった。私はそこで、英国のアンソニー・ギデンズが理論化し、トニー・ブレアと彼が率いるニューレイバーによって導入された「第三の道」の影響力について考察した。かつてマーガレット・サッチャーは、新自由主義によるグローバル化以外の選択肢などない――有名な「TINA〔There Is No Alternative〕」だ――という独断的な教義を打ち立てたが、私の分析は、この教義を受け入れたことで、新しい中道左派政権がどのようにして「新自由主義の社会‐民主主義版」(スチュアート・ホール)に行き着いたのかを示した。政治の対抗モデルと左‐右の対立を時代遅れであると主張し、中道右派と中道左派の「中道での合意」を歓迎することで、いわゆる「ラディカルな中道」は専門家支配による政治形態を進めることになった。この考え方によれば、政治とは党派的対立ではなく、公共の事柄を中立的にマネジメントすることとされたのだ。

かつてトニー・ブレアは、「左派的な経済政策か右派的な経済政策かではなく、よい経済政策か悪い経済政策かという選択である」と口にしたものだった。新自由主義によるグローバル化は私たちが受け入れるべき運命であるとみなされ、政治問題は専門家が対処すべき単なる技術的な問題へと格下げされた。複数の政治プロジェクトのなかから市民が真に選択を行う余地は残されていない。市民の役割は、専門家によってつくり上げられた「合理的な」政策をただ追認することのみである。

このような状況を成熟した民主主義への前進であると考える人々とは対照的に、私は、この「ポスト政治的」な状況が民主的な諸制度に対する不信の高まりの原因であり、これは〔選挙への〕棄権が増加していることに明らかであると論じた。同時に、右派ポピュリズム政党の躍進に警鐘を鳴らした。彼らは新しい選択肢（オルタナティヴ）を与える振りをし、既得権益層（エスタブリッシュメント）のエリートに奪われた声を人民に取り戻すと訴えている。そこで私は、ポスト政治的なコンセンサスを打ち破り、政治の本質である党派性を再肯定することで、実行可能な選択肢についての「闘技的（アゴニスティック）」な討論条件を創出する必要性を唱えたのだ。

いまになって気づいたことだが、当時の私はまだ、社会‐民主主義政党や社会‐民主主義政党を変えることができれば、『民主主義の革命』で示したような民主主義の根源化のプロジェクトを彼らが導入するだろうと考えていた。

いうまでもないが、このようなことは起こらなかった。右派ポピュリズムによる深刻な侵食が進む一方で、ほとんどの西欧民主主義国で社会‐民主主義政党は低迷期に入ってしまった。しかし、二〇〇八年の経済危機は新自由主義モデルの諸矛盾を際立たせ、新自由主義のヘゲモニー編成はいまや、右であれ左であれ、既得権益層に反対する多様な運動によって疑問に付されている。この新しい局面こそ、私が「ポピュリスト・モーメント」と呼ぶものであり、本書で精査しようとするものなのだ。

本書の中心的な議論とは、このヘゲモニーの危機に介入するためには、政治的フロンティアの確立が不可欠であるというものだ。そして、「人民」と「少数者支配（オリガーキー）」とのあいだに政治的フロンティアを構築する言説戦略と理解するかぎりで、現在の局面において左派ポピュリズムは、民主主義を回復し、深化させるために必要な政治類型を構成しているのだ。
『政治的なものについて』を書いたとき、私は左－右のフロンティアを再興することを提案した。しかし、いまとなっては、そのような伝統的に設定されたフロンティアは、今日の多様な民主的諸要求を含んだ集合的意志の節合に、もはや適していないと考える。ポピュリスト・モーメントとは一連の異質な諸要求の表出なのであり、それらの要求をあらかじめ決められた社会的カテゴリーと結びつく利益によって定式化することはできない。さらに、新自由主義的な資本主義のもとで、生産過程の外部に様々な新しい従属形態が現れた。それらが生み出した諸要求は、社会学的用語で定義づけられた社会セクターや、社会構造における彼らの位置付けとはもはや一致しない。そして、このような異議申し立て（クレイム）——環境保護、性差別やレイシズム、その他の支配形態に対する闘争——こそが、ますます重要になっているのだ。このような理由から、今日の政治的フロンティアは「ポピュリズム的」かつ領域横断的な仕方で構築される必要がある。とはいえ、「ポピュリズム的」な次元だけでは、今日の情勢に求められる政治類型を特定するのに十分というわけではない。求められているのは「左派」のポピュリズムであり、これが追求する諸価値を提示しなければならない。

私たちの社会の政治的想像力（イマジナリー）において、民主的な言説が果たす重要な役割を認識すること、さらに民主主義を覇権的（ヘゲモニック）なシニフィアンにし、それを中心に従属に対抗する複数の闘争のあいだに等価性の連鎖をつくり上げること、これにより、左派ポピュリズムの戦略は多くの人々の望みと共鳴するだろう。これからの数年間は、右派ポピュリズムと左派ポピュリズムが政治的対立軸の中心となる。その結果として、平等と社会正義の擁護に向けた共通の感情を動員することで、「人民」の構築、すなわち集合的意志の構築が生じるだろう。これにより、右派ポピュリズムが推し進める排外主義的政策と闘うことができるようになる。

政治的フロンティアを再創出するにあたり、「ポピュリスト・モーメント」は、ポスト政治の時代が過ぎ去ったあとの「政治的なものの回帰」を示している。このことは、もしかすると権威主義的な解決策にも道をひらくこともありうる――これは自由民主主義の諸制度を弱体化させるような体制を導くかもしれない。しかし政治的なものの回帰はまた、民主的な諸価値を再肯定し、それを拡張することもあるだろう。すべては今日の民主的諸要求のヘゲモニー化にどの政治勢力が成功するかということ、そしてポスト政治に対する闘争に勝利するのがどのような種類のポピュリズムなのかということにかかっているのだ。

1　ポピュリスト・モーメント

はじめに、本書における私の目的は、すでに飽和状態にある「ポピュリズム研究」に新しい知見をつけ加えることではない。また、ポピュリズムの「真の性質」についての不毛な学術的論争に立ち入るつもりもないことをはっきりさせておきたい。本書は政治的な介入を目的としており、その党派的性格を隠すつもりはない。本書では、私が「左派ポピュリズム」として理解しているものを明確にするとともに、現代の情勢にあって、民主政治を構成する平等と人民主権の理念を回復し、それらを深化させるための有効な戦略を提示するつもりである。

政治理論家としての私の理論化の方法は、マキャヴェッリに由来している。アルチュセールが記しているように、マキャヴェッリは「状況について」省察するのではなく、自身をつねに「状況のなか」に位置付けていた。[訳注1] 私は、マキャヴェッリに倣って、ある特有の状況に私の考察を位置付けることで、彼が「ことがらの具体的真理」と呼んだものを、今日の西欧諸国の「ポピュリスト・モーメント」において探求しようと思う。ポピュリズムの問題は間違いなく東欧にも関係するが、これらの諸国について言及するためには特別な分析が必要になるため、本書の分析は西欧に限定される。東欧諸国は共産主義下での特有の歴史をもっており、その政治文化にも異なる諸特徴が反映されている。このことは、ラテンアメリカにおける様々なポピュリズムにもあてはまる。これらの多様なポピュリズムには確かに「家族的類似性」が存在するが、一方でそれらは特有の情勢から生まれたもので、それぞれのコンテクストにおいて理解する必要がある。西欧の情勢についての私の考察が、ほかのポピュリズム的状況に有益な視座を与えることができれば幸いである。

私が擁護する左派ポピュリズム戦略は、社会がつねに分断されており、さらにヘゲモニー実践を通じて言説的に構築されているとする反-本質主義的な理論的アプローチによって支えられている。そのため、たとえ本書における私の目的が政治的なものであったとしても、私の考察の主要な部分は理論的な性格をもつことになるだろう。「左派ポピュリズム」に対する批判の多くは、反-本質主義的アプローチについての理解不足に起因しており、本書でもこのアプローチを明確にしておくことは重要である。したがって、私は議論のところどころで、反-本質主義的アプローチの主要な考え方に言及する。それ以上の理論的説明のために、巻末に付録を掲載している。

混乱を避けるために、まず私の「ポピュリズム」についての理解から話を始めたいと思う。

メディアは、現状に反対する人々をポピュリズムと呼ぶことで、不適格者の烙印を押しつけてきた。このような軽蔑的意味合いを拭い去るために、私はエルネスト・ラクラウが発展させた分析的アプローチにしたがうことにする。これにより、とりわけ有意義な仕方でポピュリズムの問題に取り組むことが可能になるだろう。

著書『ポピュリズムの理性（*On Populist Reason*）』においてラクラウは、ポピュリズムを、社会を二つの陣営に分断する政治的フロンティアを構築するとともに、「権力者」に対抗する「敗者（アンダードッグ）」を動員する言説戦略であると定義している[(1)]。ポピュリズムはイデオロギーではないし、特定の内容をもつ〔政治的〕プログラムから生まれるものでも、一箇の政治体制でもない。それは時と場所に応じて、多様なイデオロギー形態をとることがあるし、様々な制度的枠組みとも両立する政治技法（way of doing politics）である。私たちが「ポピュリスト・モーメント」について語ることができるのは、政治的、あるいは社会経済的な変容を迫る圧力のもと、満たされることのない諸要求が増加することで、支配的ヘゲモニーが不安定になるときである。そのような状況においては、現行の諸制度は既存の秩序を守ろうとするため、人々の忠誠を得ることができない。結果として、ヘゲモニー編成の社会的基礎となる歴史的ブロックはばらばらになり、集合的行為のための新しい主体——人民——を構築する可能性がひらけてくる。不公正であると感ぜられた社会秩序をつくりなおせるのは、このような主体なのである。

これこそ今日の情勢に特徴的なことであり、それを「ポピュリスト・モーメント」と呼ぶに相応しい理由である。このポピュリスト・モーメントは、一九八〇年代を通して西欧で漸進的に実践されてきた新自由主義的なヘゲモニー編成の危機を示している。この新自由主義的なヘゲモニー編成は、社会民主主義的なケインズ主義的福祉国家（戦後三〇年間にわたり、西欧民主主義諸国において主要となった社会経済モデル）にとって代わった。この新しいヘゲモニー編成の核をなしているのは、市場原理――規制緩和、民営化、緊縮財政――を押しつけ、さらに国家の役割を私有財産権の保護、自由市場、自由貿易に限定するといった一連の政治‐経済的諸実践である。新自由主義とはいまや、この新しいヘゲモニー編成を言い表す用語となっており、これは経済の領域のみならず、所有的個人主義[訳注2]（possessive individualism）の哲学にもとづく社会と個人という考え方全体を指すものとなっているのだ。

一九八〇年代以降、様々な国で導入されたこのモデルは、二〇〇八年の金融危機によってその限界が深刻な仕方で露呈するまで、いかなる大きな困難にも直面してこなかった。二〇〇七年の米国サブプライム・ローン市場の崩壊に始まるこの危機は、翌年、投資銀行リーマン・ブラザーズの破綻により、本格的に国際的な金融危機へと発展した。世界の金融システムの崩壊を阻止するために、金融機関への大規模な公的資金投入による救済策がとられることとなった。グローバルな不況は欧州経済にも大きな影響を与え、欧州債務危機を引き起こす。この危機に対処するために、多くの欧州諸国で緊縮政策が導入されたが、これはとりわけ南欧諸国に深刻な影響をもたらすことになった。

経済危機になると、様々な矛盾が凝縮され、グラムシが「空白の時代（*interregnum*）」と呼んだものが生じる。つまりこの危機的な期間においては、既存のヘゲモニー・プロジェクトのもとで合意されていたいくつかの信条が挑戦を受けるのである。危機への解決策はいまだ見通せていない。これが今日、私たちの目撃している「ポピュリスト・モーメント」の特徴である。したがって、「ポピュリスト・モーメント」とは、新自由主義的なヘゲモニー期における、政治的かつ経済的な変容に対する多様な抵抗の表出にほかならない。この〔新自由主義的〕変容は、「ポスト・デモクラシー」と呼ばれる状況をつくり出し、平等と人民主権という民主主義の理念の二大支柱を侵食してしまった。この侵食がどのように生じたのかを説明する前に、「ポスト・デモクラシー」という言葉が意味するところについて検討しておくのがよいだろう。

コリン・クラウチが提唱した「ポスト・デモクラシー」は、新自由主義的なグローバリゼーションの帰結として、議会の役割が低下し、主権が失われることを示している。クラウチによれば、

現代政治における民主主義の弱体化の根本的な要因は、企業グループとそれ以外のほぼす

べてのグループの間に大きな不均衡が生まれていることである。民主主義の不可避的な衰退と並び、それが原因で政治はいま一度、前デモクラシー期のように閉鎖的なエリートたちの営みとなっている。(2)

また、ジャック・ランシエールは、この用語を次のように定義している。

ポスト・デモクラシーとは、民衆(デモス)の後に来る者による民主主義、すなわち民衆の見せかけ、民衆の計算違い、民衆による係争が一掃された民主主義による統治の実践であり、概念的正当化である。〔したがってそれは〕国家装置および、社会的活力と社会的利害の構成物からなる、たんなるゲームに還元しうるものである。(3)

以上のような両者の定義に賛同しないわけではないのだが、私はこの用語について少し異なった使い方をしている。私の場合、自由民主主義の本質について考察することで、新自由主義の多様な特徴を前景化させることをめざしているからだ。よく知られているように、「デモクラシー」はギリシャ語の人民(*demos*)と支配(*kratos*)を語源としており、これは「人民の権力」を意味している。しかし、欧州において「デモクラシー」を語ると、それはある特定のモデルを指すことになる。すなわち、特有の歴史的コンテクストに民主的な原理を位置付けることから生まれた西欧モデルのことだ。代表制民主主義、立憲民主主義、自由民主主義、多元的民主主義など、このモデルには様々な名前がある。

いかなる場合にも問題となるのは、二つの異なった伝統の節合を特徴とした政治体制である。一方には政治的リベラリズムの伝統があり、これは法の支配、権力分立、個人の自由の擁護を含んでいる。他方では民主主義の伝統があり、これは平等と人民主権を中心に据えている。これら二つの伝統のあいだに必然的な関係はなく、偶発的な歴史的節合があるのみである。C・B・マクファーソンが示しているように、この節合は、絶対主義体制に対する自由主義者と民主主義者の共闘によって生じたものに過ぎない(4)。

カール・シュミットのような論者は、この節合が本来不可能な体制を生み出したと述べる。なぜなら、自由主義は民主主義を否定し、民主主義は自由主義を否定すると考えられるからである。ユルゲン・ハーバーマスをはじめとするほかの論者は、自由原理と平等原理の「等-根源性」を主張する。自由主義的な「文法」は普遍性と「人間性」を前提とし、民主的平等の「文法」は人民および「私たち／彼ら」というフロンティアの構築を必要とするのだが、これら二つの文法が対立することを指摘する点で、確かにシュミットは正しい。しかし、彼がこの対立を一箇の矛盾と捉え、多元主義的な自由民主主義を必ず自滅させてしまうとしたことは間違いであったと私は考える。

『民主主義の逆説（*The Democratic Paradox*）』において、私はこれら二つの伝統の節合――じっさいのところ究極的には和解しえない節合――を一箇の逆説的な構成体（コンフィギュレーション）であると捉えた。つまり、それは緊張の場であり、この緊張が、多元主義的な性格を保障する政体（ポリテイア）、ないし政治共同体の一形態として、自由民主主義の独創性を定めている。[5] 人民を構築し、平等主義的な実践を擁護するという民主主義の論理は、民衆（デモス）を確立するために、なおかつ普遍主義なしで済まそうとする自由主義的言説の傾向を転覆するために、必要不可欠である。しかし、自由主義論理との節合によって、私たちは排除の諸形態――これは統治する人民を確定しようとする政治実践に固有の排除である――に立ちむかうこともできるのだ。

民主主義的な自由主義政治は、〔二つの伝統の〕絶え間ない交渉の過程によって成り立っており、そこでこの本質的な緊張は、様々な仕方でヘゲモニー的に構成される。この緊張は、右派と左派のあいだのフロンティアに沿った政治言語によって表現されるのだが、それが安定しているのは、政治勢力同士のプラグマティックな交渉を通じた一時的なものに過ぎない。これらの交渉によって、つねにひとつのヘゲモニーが確立され、それがほかの勢力に行使されることになる。自由民主主義の歴史を振り返ると、あるときには自由主義の論理が支配的であり、また別のときには民主主義の論理が優勢であったことがわかるだろう。それでも、二つの論理は互いに力をもっていたし、右派と左派による「闘技的」な交渉の可能性はつねに存在した。この可能性こそ、自由民主主義体制に特有のものであり、この体制をつねに活性化していたものなのだ。

ここまでの考察は単に、政治体制として想定される自由民主主義のみにかかわるものであった。しかし、これらの政治制度が経済システムと別箇に存在しえないことは明白である。たとえば新自由主義の場合、私たちは自由民主主義の特定の形態と金融資本主義を節合した社会編成を取り扱っている。ある特定の社会編成を研究するさいには、この節合を考慮に入れる必要があるだろう。だが、分析レベルでは、そのいくつかの特徴を強調するために、社会の政治的形態として自由－民主主義体制の進展を検討することが可能である。

現在の欧州の政治状況は、「ポスト・デモクラシー」であると言うことができる。なぜなら、近年、新自由主義的ヘゲモニーの帰結として、自由民主主義の構成要素である自由主義原理と民主主義原理の闘技的な緊張関係が消し去られたからである。平等と人民主権という民主的価値が死滅したことで、様々な社会的プロジェクトが対抗するための闘技的空間が消滅し、市民から民主的権利を行使する可能性が奪われてしまった。確かにいまも「デモクラシー」について口にする人はいる。しかし「デモクラシー」はそのなかの自由主義原理へと縮減され、自由選挙と人権の保護を表しているに過ぎない。自由市場の保護を唱える経済的リベラリズムがますます中心的な地位を占め、政治的リベラリズムの多くの側面が二の次となってしまった――まだそれが残っていればの話だが。これこそ私が「ポスト・デモクラシー」と呼ぶものである。

政治の舞台におけるポスト・デモクラシーへの進展は、私が『政治的なものについて』のなかで「ポスト政治（post-politics）」として提示したものだ。ポスト政治は、右派と左派の政治的フロンティアを不鮮明にする。[(6)] グローバル化の影響によるやむをえない「近代化」という名目のもと、社会－民主主義政党は金融資本主義の一方的命令（*diktats*）と、国家介入および再分配政策に対して金融資本主義が強要した制限を受け入れたのである。

結果として、市民がそれを通じて政治決定に影響を与える議会や諸機関の役割は劇的に後退してしまった。選挙はもはや、伝統的な「統治を担う諸政党」を通して、真の代替案（オルタナティヴ）を選択する機会にはなりえない。ポスト政治的な状況においては、中道右派政党と中道左派政党の二大政党的な政権交代しか起こらない。「中道での合意」や新自由主義的なグローバル化以外に選択肢はないという教義に反対する者はすべて、「過激主義者」と表現されるか「ポピュリスト」であるとして、政治にかかわるべきではないとされたのだ。

したがって、政治はただ既成秩序を管理する問題として、専門家が担う領域となってしまい、人民主権はもはや時代遅れであると宣告された。異質な社会的プロジェクト同士の闘技的な闘争こそ、人民主権を行使するための重要な条件であるが、ポスト政治はこの可能性を排除してしまった。これにより、民主主義の理念の根本をなす象徴的な支柱のひとつ――人民の権力――が弱体化させられたのだ。

ポスト・デモクラシー状況について理解するには、ポスト政治とともに、もうひとつの展開について検討する必要がある。すなわち、西欧社会の「少数者支配化（oligarchization）」の進展のことだ。政治レベルでの変化は、金融資本が中心を占める資本主義の新しい調整様式のコンテクストで生じた。経済の金融化とともに、生産的経済を犠牲にして金融セクターが大幅に拡大することになった。私たちが近年目の当たりにしている不平等の著しい拡大は、こうした変化から説明できる。

民営化と規制緩和といった諸政策が、労働者の状況を劇的に悪化させた。脱産業化の複合的な効果、技術革新の促進、そしてより安価な労働力を利用できる国々へと産業の配置転換が進められたことで、多くの職が失われた。

この状況は同時に、二〇〇八年の危機後に押しつけられた緊縮政策と相俟って、中間層の大部分にも影響を与えており、彼らの貧民化と不安定化はますます進行している。こうした少数者支配化が進行した結果、民主主義の理念がもつもうひとつの支柱――平等の擁護――も、自由民主主義の言説から抹消されてしまった。現在、支配的となっているのは個人主義的な自由主義ビジョンであり、これが消費社会と市場が提供する自由を称賛するのだ。

「ポピュリスト・モーメント」は、人民主権と平等という民主主義の理念が侵食されている、ポスト・デモクラシー的なコンテクストにおいて理解されるべきである。また、社会のほかの集団の要求に耳を貸そうとしない特権的エリートによって、政治‐経済システムが支配されているという認識がますます広まるなか、この政治‐経済システムに対する多種多様な抵抗の出現が、ポピュリスト・モーメントの特徴をなしている。当初、ポスト・デモクラシー的なコンセンサスに対する政治的抵抗のほとんどは、右派の側から現れた。一九九〇年代には、オーストリア自由党（FPÖ）やフランスの国民戦線[訳注3]（Front National）のような右派ポピュリスト政党が、エリートに奪われた声を「人民」に取り戻す存在として現れた。「人民」と「政治的既得権益層」とのあいだにフロンティアを構築することで、彼らは支配的なコンセンサスから排除されたと感じている人民セクターの諸要求を、国家主義的な語彙によって表現したのだ。

こうした方法で、イェルク・ハイダーは、オーストリア自由党を「大連立」政権に反対する抵抗政党に変えた。彼は人民主権にかんする様々なテーマを動員し、国家がエリート連合によって統治され、真の民主的な討議を妨げていることに対する数々の抵抗を節合したのだ。[7]

様々な反グローバリゼーション運動によって、すでに左派の急進化の兆候を見せていた政治的光景（パノラマ）は、二〇一一年に大きく変わることになった。緊縮政策が広範な人々の生活条件に影響を与え始めたとき、欧州各国では注目すべき国民的抗議が起こり、ポスト政治的なコンセンサスが解体し始めたのだ。ギリシャやスペインではインディグナドス〔怒れる者たち：Aganakitsmenoi / Indignados of 15M〕がセントラル広場を占拠し、「今すぐ民主主義を！」と声を上げた。これらに続いて、米国で生まれたオキュパイ運動が、ロンドンやフランクフルトをはじめとする欧州各地でも現れた。さらにより最近では、二〇一六年のフランスにおける「夜、立ち上がれ（Nuit Debout）」という運動が、「広場の運動」[訳注4]と呼ばれるこうした抗議形態の表現となった。

これらの抗議は、〔政治的〕無関心（アパシー）の時代のあとの政治的な目覚めの兆候であった。しかし、水平主義的な運動が政治機構への参入を拒否したことで、これらの運動がもつ影響力は制限された。また、制度内政治とのいかなる節合もなしえなかったために、彼らはまもなくその活力を失うことになった。これらの抗議運動は政治意識の変革に一定の役割を果たしたが、それらが重要な成果を得ることができたのは、政治機構に関与しようとする政治運動が組織され、それが運動に続いたときのみであった。

民主主義の回復と深化をめざしてポピュリズムを導入した最初の政治運動は、ギリシャとスペインでみられた。ギリシャではシリザ（Syriza）――左派運動の連合として生まれた統一社会戦線であり、ユーロ・コミュニスト政党を前身にもつ左翼運動・エコロジー連合（Synaspismos）を中心とする――が新しいラディカル政党として現れ、議会政治を通じて新自由主義的ヘゲモニーに挑戦することを目標としていた。社会運動と政党政治の相乗効果(シナジー)を打ち立てることで、シリザは多様な民主的諸要求を集合的意志に節合し、二〇一五年一月には政権を獲得するにいたったのだ。

「金融クーデター」やトロイカの命令を強制する欧州連合（ＥＵ）の残酷な対応によって、残念ながらシリザは反緊縮政策を導入することができなかった。この出来事により、シリザの政権奪取を支えたポピュリスト戦略が無効になるわけではないが、新自由主義に対抗する政策を実行しようとするさい、ＥＵに加盟していることが足枷になるという重大な問題が浮上したことは確かである。

二〇一四年のスペインにおけるポデモス（Podemos）の躍進は、インディグナドス〔怒れるものたち〕が創り出した土壌を、若手の知識人たちが活かしたことによって可能となった。民主主義の疲弊がコンセンサス政治をもたらしていたが、この土壌からコンセンサス政治の膠着状態を打破しようとする政党運動が生まれたのだ。既得権益層のエリート（la 'casta'）と「人民」とのあいだにフロンティアを構築することで、人民の集合的意志を創り出すというポデモスの戦略は、いまだ右派の国民党（Partido Popular）から政権を奪うにはいたっていないものの、重要な地位にあった議員たちを追い出し、ポデモスのメンバーを議会に送ることができた。それ以来、ポデモスはスペイン政治の一大勢力として、その政治状況に根本的な転換をもたらしてきた。

同様の進展は、ほかの欧州諸国でも起こっている。ドイツの左翼党（Die Linke）、ポルトガルの左翼ブロック（Bloco de Esquerda）、さらにフランスではジャン＝リュック・メランション率いる不服従のフランス（La France Insoumise）が、二〇一七年に結成わずか一年で同国議会に一七人もの議員を輩出し、いまではエマニュエル・マクロン政権の主要な対抗勢力となっている。また、ジェレミー・コービンを党首とするイギリス労働党の予期せぬ躍進も、欧州諸国における新しいラディカリズムのもうひとつの兆候だろう。

多くの国において、新自由主義的な政策の導入に重要な役割を果たした社会－民主主義政党は、ポピュリスト・モーメントの本質を摑みそこねており、この状況が表している困難に立ちむかうことができていない。彼らはポスト政治的な教義に囚われ、みずからの過ちをなかなか受け入れようとせず、また、右派ポピュリスト政党がまとめあげた諸要求の多くが進歩的な回答を必要とする民主的なものであることもわかっていない。これらの要求の多くは新自由主義的なグローバル化の最大の敗者たちのものであり、新自由主義プロジェクトの内部にとどまるかぎり、満たされることはない。

いうまでもなく、右派ポピュリスト政党を「極右」や「ネオファシスト」に分類し、彼らの主張を教育の失敗のせいにすることは、中道左派勢力にとってとりわけ都合がよい。それは右派ポピュリスト政党の台頭に対する中道左派の責任を棚上げにしつつ、彼らを不適合者として排除する簡単な方法だからである。「民主的討議」から「過激派」を追い出すための「道徳的」フロンティアをつくり上げることによって、「善良なる民主主義者たち」は、自分たちが「不合理な」情念の台頭を止めることができると信じているのである。「敵」を悪魔化する超党派的なコンセンサスの戦略は、道徳的な慰めにはなるだろうが、政治的には無力である。

右派ポピュリスト政党の台頭を止めるには、左派ポピュリスト運動による厳密に政治的な回答が必要となる。これはポスト・デモクラシーに対抗するすべての民主的闘争を結びつけるものだろう。右派ポピュリスト政党の支持者たちを、隔世遺伝的な情念（atavistic passions）に突き動かされたものとしてア・プリオリに排除したり、永遠にそうした情念に囚われたままであると非難してはいけない。彼らの要求の源泉に、民主的な核を認めることが必要なのである。

左派ポピュリストがとるアプローチは、これらの要求をいっそう平等主義的な方向に向けるために、異なった語彙を示す努力をすべきである。これは、右派ポピュリスト政党の政治を大目にみようということではない。そうではなく、彼らの要求がどのように節合されるかについての責任を有権者に帰属させないということなのだ。私は、そうした反動的な価値観に完全に染まりきっている人々がいることを否定はしない。しかし、自分たちの問題を気にかけてくれる唯一の政党が右派ポピュリスト政党であることから、こうした政党に魅力を感じる人々がいることも理解できるのだ。もし異なる言語を編み出すことができれば、多くの人々がみずからの状況を異なった仕方で経験し、進歩的な闘争に参加するだろうと私は信じている。

こうした戦略が機能している事例がすでにいくつもある。たとえば、二〇一七年のフランス議会選挙では、ジャン＝リュック・メランションをはじめ、フランソワ・ルッファンなど不服従のフランスの候補者は、それまでマリーヌ・ル・ペンに投票していた有権者から支持を得ることができた。国民戦線の影響から、自分たちの貧困の原因が移民にあると考えていた人々と議論を重ねることで、不服従のフランスの活動家たちはそうした人々の考え方を変えることに成功した。彼らの置き去りにされたという感情や民主的承認への欲求は、かつてであれば排外主義的な言葉で表現されていた。しかしそれらは異なった語彙を与えられ、別の対抗者に向けることができたのだ。同様の出来事は二〇一七年六月のイギリスにおける選挙でも起こった。右派ポピュリスト政党であるイギリス独立党（ＵＫＩＰ）の支持者の16％がジェレミー・コービンに投票したのだ。

現在、反‐既得権益の言説が進歩派からも現れ、左派の政治勢力は「人民」と「少数者支配」のあいだにフロンティアを築いている。私たちはまさに「ポピュリスト・モーメント」の只中にいるのである。したがって、この契機において行く末を左右するのは、ポスト・デモクラシーへの抵抗がどのように節合されるのか、どのように「人民」が構築されるのか、ということだろう。これを成し遂げる方法は数多く存在する。人民に権力を取り戻すという名目において、現行のシステムを拒否していたとしても、ポピュリストによる政治的フロンティアの構築すべてが平等主義をめざしているとはかぎらないのだ。

右派と左派、どちらのタイプのポピュリズムも、満たされない諸要求を結集させることをめざしているが、両者はまったく異なる方法でそれを行う。その違いは「私たち」をどのように構成するか、そして対抗者、すなわち「彼ら」をいかに規定するかにかかっている。

右派ポピュリズムは人民主権を奪回し、民主主義の回復を求めるが、しかしこの主権は「国家主権」と理解され、真の「愛国者」とみなされる者のためにとっておかれている。右派ポピュリストは平等への要求には応じず、アイデンティティとネーションの繁栄への脅威とみなしうる多種多様なカテゴリー――通常は移民である――を排除したかたちで「人民」を構築する。ここで示唆しておきたいのは、右派ポピュリズムはポスト・デモクラシーに対する数々の抵抗を節合するものの、必ずしも新自由主義的勢力によって構成されたものを人民の対抗者として提示するわけではないということだ。したがって、彼らがポスト・デモクラシーに対抗しているからといって、それを新自由主義の拒絶と捉えるのは誤りであろう。それどころか、彼らの勝利は民主主義を回復するという名目のもとに、実際にはそれを大幅に制限するような新自由主義の国家主義的かつ権威主義的な形態に行き着く可能性がある。

これに対して、左派ポピュリズムは民主主義の深化と拡張のためにその回復を求める。左派ポピュリスト戦略は民主的な諸要求を、少数者支配という共通の敵に立ちむかう「私たち」、すなわち「人民」を構築するための集合的意志にまとめあげようとする。このためには、労働者や移民、不安定化した中間層、さらにＬＧＢＴコミュニティのような、その他の民主的諸要求をもつ人々のあいだに、等価性の連鎖を確立する必要がある。この等価性の連鎖がめざすものこそ、民主主義の根源化を可能にする新しいヘゲモニーの創出なのである。

2　サッチャリズムの教訓

西欧諸国で私たちが目の当たりにしている「ポピュリスト・モーメント」は、現在危機にある新自由主義的なヘゲモニー編成に代わる新しい可能性をひらく好機となる。そこで中心となる問題は、この移行をどのように実行するのかであろう。次の一手を構想するために、私たちが学ぶことのできる前例はあるだろうか。新自由主義モデルが西欧においてヘゲモニーを確立した諸条件を検討することは、おそらく、ヘゲモニー転換がどのようにして起こるのかという点にかんして、何らかの手がかりを与えてくれるだろう。これこそ私たちが『民主主義の革命』において検討した情勢にほかならず、したがってそれらの分析を再訪しておくことが重要であろう。

『民主主義の革命』は、ケインズ主義的福祉国家をめぐり、労働党と保守党（トーリー）による戦後コンセンサスが危機に陥るなか、ロンドンで執筆された。そして、私たちが左派政治の未来についての省察を発展させたのは、おもにこのイギリスのコンテクストにおいてであった。しかし、これらの見解は、イギリスだけにあてはまるものではない。ウォルフガング・シュトレークはかつて、次のように指摘したことがある。

それ以外の点では様々に異なる民主主義的資本主義諸国のあいだでも、労働者と資本との戦後合意の構造は基本的に共通していた。そこには、福祉国家の拡大、労働者の自由な団体交渉権、そして完全雇用の政治的保障が含まれており、これらは、経済のケインズ主義的な道具一式を広範に活用する政府が負担するものとされた[1]。

ヘゲモニー編成としてのケインズ主義的福祉国家の本質を捉えるためには、次のことを理解しておく必要がある。すなわち、ケインズ主義的福祉国家は、労働力の再生産を資本の要求に従属させるにあたり重要な役割を果たしたが、それは同時に、経済的平等を求める一連の諸要求に正統性を与えるものでもあった。そうすることによって、ケインズ主義的福祉国家は新しいかたちの社会的権利のための諸条件を生み出し、民主的な常識（コモンセンス）を根本的に変容させたのである。いくつかの国では、労働組合の力が社会的諸権利を強固なものにした。またこの時期には、不平等の拡大が抑制され、労働者は多くの利益を手にし、このかんに重要な民主的進歩がみられた。労使間の妥協によって、資本主義と民主主義の、ある種、不安定な共存関係があったのだ。

しかし、一九七〇年代前半に始まる景気の低迷とインフレーションが、ケインズ主義的妥協の限界を示していた。一九七三年に起こった第一次石油危機の影響で、経済は停滞し、利益は落ち込み、戦後の社会－民主主義的合意は崩壊し始めた。金融危機に直面したイギリスでは、当時政権にあった労働党が、国家を使って労働者階級への締めつけ（ディシプリン）を行ったために、不満が高まった。一九七〇年代半ばまでには、戦後の社会－民主主義モデルは深刻な混乱に陥り、「正統性の危機」に苦しみ始めたのであった。

しかし、経済的要因のみでは社会－民主主義モデルの危機を理解できない。私たちはその他の要因、とりわけ一九六〇年代に台頭し始めた「新しい社会運動」を考慮に入れる必要がある。「新しい社会運動」は当時、都市社会運動、環境運動、反権威主義的運動、反制度的運動、フェミニズム運動、反レイシズム運動、民族解放運動、地域闘争、そしてセクシャル・マイノリティ運動といった非常に多様な運動を指していた。これらの新しい民主的な諸要求をめぐって形成された政治的分極化は、労働者の好戦性の高まりと相俟って、平等のための闘争の拡大が西欧社会に「平等主義の危機」を招いていると主張する保守側の反発を引き起こした。一九七三年以後の景気後退のさい、右派は民主主義的想像力の拡大を抑止するときがきたという決断をくだした。彼らは平等主義的運動に対抗し、労働組合の力によって抑え込まれていた利益の回復を画策した。サミュエル・ハンチントンは、一九七五年の日米欧三極委員会（the Trilateral Commission）の報告書において、平等と参加の拡大をめざす一九六〇年代の諸闘争が「民主主義の亢進（サージ）」を生み出しており、それが社会を「統治不能（ungovernable）」にしているという見解を示した。彼は、「民主的な理想の力が民主主義の統治能力に問題を引き起こしている」と結論づけたのだ。(2)

私たちが『民主主義の革命』を著していた、まさにそのとき、マーガレット・サッチャーは選挙に勝利した。しかし、危機の行方はいまだ不透明であった。私たちは当時の状況を次のようにみていた。

新しい敵対関係と「新しい諸権利」の拡散が戦後期のヘゲモニー編成の危機に連動していくことは、疑うことができない。しかし、この危機が克服されていく形態は、前もって決定づけられる類いのものではまったくない。というのも、諸権利の規定の仕方や従属化に抗する闘争形態は、けっして画一的に確立されるものではないからである。(3)

右派の攻勢に対抗するため、労働党はそれまでのコーポラティズム型の政治の欠陥を認め、社会的基盤を拡張し、新しい社会運動による批判を受け止めることが不可欠である、と私たちは主張した。新しい社会運動の民主的諸要求を労働者階級の要求と節合することが、きわめて重要であったのだ。この主張が目的としたのは、「民主主義の根源化」という観点から再定義した社会主義プロジェクトを中心に、新しい歴史的ブロックを形成することであった。自由と平等という民主的諸原理を広範な社会関係に拡張するヘゲモニー・プロジェクトのみが、危機に対して進歩的な成果をもたらすと考えていたのである。

しかし残念なことに、労働党は、経済主義的かつ本質主義的な考え方に囚われていて、ヘゲモニー政治の必要性を理解することができず、相変わらず自分たちの伝統的立場を擁護することに固執していた。そのため、ケインズ主義的モデルへの攻撃に対抗できず、新自由主義プロジェクトの文化的かつイデオロギー的な勝利へと道をひらくことになってしまった。

一九七九年にマーガレット・サッチャーが首相になったとき、彼女の目標は、保守党（トーリー）と労働党の戦後コンセンサスを破棄することであった。彼女は、この戦後コンセンサスこそが、イギリスの低迷の原因であると主張していたのだ。労働党とは異なり、彼女は政治の党派的性格やヘゲモニー闘争の重要性にきわめて自覚的であった。彼女の戦略は明らかにポピュリズム的なものである。一方に抑圧的な国家官僚、労働組合、そして国庫の恩恵を受ける人々といった「既得権益をもつ勢力」を置き、もう一方に官僚的勢力とその同盟者によって犠牲を強いられる勤勉な「人民」を対置することで、両者のあいだに政治的フロンティアを引いたのだ。

おもに標的となったのは労働組合で、彼女は組合の力を潰そうと決意した。アーサー・スカーギル（Arthur Scargill）率いる炭鉱労働者組合を「内なる敵（the enemy within）」と宣告し、彼女は、それと正面から激突した。イギリスの歴史上もっとも激しい労働争議となった炭鉱労働者たちのストライキ（1984-1985）は、彼女にとっての転換点となる。この闘いは、政府の決定的な勝利で幕を閉じ、その後、政府は、弱体化した労働組合に様々な条件を課して、経済的に自由主義的なプログラムを強化するようになった。

戦後のケインズ主義的なコンセンサスに亀裂が入った瞬間、マーガレット・サッチャーは既存の体制に立ちむかうべく猛攻を仕掛けた。政治的フロンティアを構築することによって、彼女は社会－民主主義的ヘゲモニーにとってかなめとなる諸要素を解体し、人々の同意にもとづいた新しいヘゲモニー秩序を確立することができた。これこそ、本質主義的な政治観をもつ労働党の政治家たちが捉えそこなったものにほかならない。彼らは反撃のための対抗ヘゲモニーを構築することもなく、新自由主義的政策によって失業率が増加し、労働条件が悪化すれば、すぐにでも自分たちは政権に返り咲くだろうと信じ込んでいたのだ。そうこうするうちに、サッチャーが新自由主義革命を揺るぎないものにしていることを彼らは認識せず、経済条件の悪化が自分たちの有利に働くものと、受け身で期待していたのであった。

スチュアート・ホールは、このヘゲモニー戦略を「サッチャリズム」と呼び、さらに「権威主義的ポピュリズム」と定義して、次のように分析している。「サッチャーのポピュリズムは（……）本来のトーリー主義に共鳴する様々なテーマ――ネーション、家族、義務、権威、道徳規範、伝統主義――と、復活した新自由主義の挑戦的なテーマ――個人的利益、競争的個人主義、反国家主義――とを結合させている」[4]。イギリスにおいて、新自由主義的政策を導入することにサッチャーが成功したのは、集産主義者への抵抗と、それまで福祉国家が実行してきた官僚的手法への抵抗とを十分に活用したからなのだ。

サッチャーは個人の自由を称揚し、抑圧的な国家権力からの解放を約束することで、多くのセクターから新自由主義プロジェクトへの支持を調達した。このような言説は、国家的介入の恩恵を受けていた人々からも共感を呼んだ。なぜなら、彼らは利益の配分がしばしば官僚的に行われることに不満を抱いていたからである。〔さらに〕一部の労働者の利益をフェミニストと移民の利益に対置し、仕事が奪われているのは彼らのせいであるとすることで、サッチャーは労働者階級の重要なセクターを自分の味方につけることに成功したのだ。

社会-民主主義的ヘゲモニーを攻撃するにあたり、マーガレット・サッチャーは経済的、政治的、イデオロギー的な戦線（フロント）への介入を行い、それまで「常識（コモンセンス）」であると考えられていたものを言説的に再構成し、社会-民主主義的な価値観との闘いを繰り広げた。そうした闘争のおもな目的とは、自由主義と民主主義の紐帯を断ち切ることであった。C・B・マクファーソンが述べるように、この紐帯こそ自由主義を「民主化」していたものなのだ。

サッチャーお気に入りの哲学者フリードリヒ・ハイエクは、自由主義の「真の」性質を再認識する必要を訴え、この教義によって、国家の権力を最小化し、個人の自由をもっとも重要な政治の目的として最大化しようとした。これこそ彼が「社会において、一部の人がほかの一部の人によって強制されることができるかぎり少ない人間の状態[5]」と消極的に定義した見解であった。

このイデオロギー戦略におけるもうひとつの展開とは、「民主主義（democracy）」を「自由（freedom）」に従属させ、前者を意味づけなおすことであった。ハイエクによれば、民主主義は個人の自由を補助する考えである。そのため自由主義の社会では、経済的自由と私有財産の保護が特権的な価値となり、平等の擁護にとって代わる。彼にとって「民主主義は、本質的に手段であり、国内の平和と個人の自由を保障するための功利的な制度でしかない[6]」。民主主義と自由のあいだに衝突が起これば、民主主義を犠牲にして自由を優先するべきであると、彼は譲らなかった。晩年には、民主主義を廃止すべしという、極端な提起さえしたのである。

サッチャーは、善良で責任感のある「納税者」と、国家権力を濫用し彼らの自由を奪う官僚主義的エリートを対立させる言説によって、新自由主義的ヴィジョンを中心に、歴史的ブロックを首尾よく強化し、社会的かつ経済的な勢力図を大きく塗り替えた。しかしあるとき、保守党員たちから、彼女は分断を煽りすぎているとみられるようになる。そして、三度の選挙に勝利したあと、一九八九年に実施された人頭税の導入が街頭での暴動を引き起こすこととなり、これによって一九九〇年に辞任を余儀なくされたのだ。

しかし、その頃にはもう、マーガレット・サッチャーは、新自由主義革命を確かなものにしており、彼女が政権を去るときにはすでに、新自由主義的ヴィジョンが常識として深く浸透していた。一九九七年にトニー・ブレア率いる労働党が政権に返り咲いたとき、彼らはもう新自由主義的ヘゲモニーに対抗しようとさえしなかったのだ。じっさい、ホールが示したように、サッチャーの言説において鍵となる特徴のすべてが、当時のニューレイバーの言説に確認できる。

「納税者」(福祉に「たかる者」のために過度に税金を納めているような勤勉な男性)と、「顧客」(市場で限られた選択肢から「自由に」選択できる幸運な主婦。彼女のために、「選択アジェンダ」[訳注5]と個人化された商品提供が特別に設計されている)。自分が公的サービスを必要としたり、それに頼るような市民になるとは誰も思っていない。(7)

マーガレット・サッチャーが晩年に、もっとも偉大な功績について尋ねられたとき、彼女が

「トニー・ブレアとニューレイバーです。私たちは敵の考えを変えたのですから」と答えたのも頷けるだろう。

じっさいには新自由主義への降伏であったものは、「左派右派を超えて」の政治形態である「第三の道」として、「ニューレイバー」の周りに集まった人々によって理論化され、「進歩的な政治」のもっとも進んだ構想として提示された。いまや新自由主義的なヘゲモニー編成は揺るぎないものとして確立され、「私たち」と「彼ら」の政治的フロンティアの必要性は、時代遅れの政治モデルとみなされた。そして「中道での合意」が敵対性を克服する成熟した民主主義に踏み出すものとして称揚されるのだ。合意を重視するこの「第三の道」モデルは、その後、欧州の主要な社会‐民主主義政党および社会主義政党の信条となる。ソヴィエト・モデルの崩壊のあと、このモデルは民主的左派にとって唯一受け入れることのできる展望となり、社会民主主義は社会自由主義（social liberalism）へと完全に転換した。これこそがポスト政治が跋扈する領域を形成し、西欧において新自由主義的ヘゲモニーが確立される諸条件となったのだ。

この新自由主義的ヘゲモニーの確立は、いくつかの重要な変化をともなうものであった。サッチャリズムのイデオロギーは、保守党（トーリー）が元来もち合わせていた様々なテーマと新自由主義的な経済実践との融合であったのだが、ヘゲモニーを確立した新自由主義は、後にこの伝統的な保守イデオロギーから乖離していく。フォーディズムからポスト・フォーディズムへの移行と結びついた資本主義の調整様式の転換に対応して、新自由主義的なヘゲモニー編成は対抗文化のいくつかの主題をとり入れた。リュック・ボルタンスキーとエヴ・シャペロが『資本主義の新たな精神』で明らかにしたように、資本家たちは新しい諸運動が示した問題に直面し、それらの運動がもつ自律への要求をどうにか利用しようとして、それらをネットワーク化されたポスト・フォーディズム経済の発展に結びつけ、新しい管理形態をつくり出した。[8]「芸術家的批判[訳注6]（artistic critique）」——これは真正性の探求や自主管理の理念、反ヒエラルキー的要求を含めた対抗文化の審美的戦略を指す用語である——のいくつかの形態は、新しい資本主義の調整様式に必要な諸条件を促進すべく利用された。この新様式は、フォーディズム時代に特徴的な規律的枠組みにとって代わるものである。これは、新しい社会運動における諸要求の多くを吸収し、無効化するのに好都合な諸条件をつくり出すものであり、それらは労働の自由化と利己的な個人主義の促進に利用されたのだ。

左派理論家のなかには、対抗文化運動に新自由主義的価値観の勝利の責任を負わせているとして、ボルタンスキーとシャペロを批判する者もいる。そのような解釈は、彼らのアプローチを誤解している。私が『闘技学（*Agonistics*）』で指摘したように、[訳注7]ヘゲモニーの観点からすれば、彼らが関心をもっているのは、グラムシが「無効化を通したヘゲモニー」や「受動的革命」と呼んだものによって、フォーディズムからポスト・フォーディズムへの移行を可視化することなのだ。[9] グラムシは、ヘゲモニー秩序に挑戦する諸要求が現行のシステムに回収され、その転覆的な潜在力を無効化するような仕方で満たされてしまう状況を、これらの用語で示唆している。対抗文化批評の言説と実践を「転用（detournement）」する過程で、資本はこれら諸要求が突きつけた正統性への挑戦に抵抗し、その優位性を揺るぎないものとしたのだ。

このような解決は、確かに一度は機能した。しかし、その不動のヘゲモニーの時代のあと、新自由主義は危機に陥り、左派が新しいヘゲモニー秩序を打ち立てる可能性がひらかれた。この機会を逃すわけにはいかない。この情勢への介入の仕方を構想するにあたって、サッチャーの戦略に学ぶことを提案したい。これは挑発的に思われるかもしれないが、このような提案をするのは私がはじめてではない——異なったコンテクストではあるが、これはスチュアート・ホールが彼の著書『再生への困難な道のり（*The Hard Road to Renewal*）』において提示したものでもある。同書においてホールは、サッチャーについて次のことを強調している。すなわち、労働党とは対照的に、彼女はイデオロギー的次元を無視することなく、様々な社会的かつ経済的戦略を実践し、ヘゲモニーの政治プロジェクトを展開することに成功したのだ、と。[10]

新自由主義的なヘゲモニー編成が陥っている現在の危機は、新しい秩序を確立する可能性を示している。私たちは、ポピュリズム戦略をとり入れ、サッチャーの辿ったルートを進むべきなのだ。しかし今度こそは、進歩的な目的をもって様々な戦線に介入し、民主主義の再生と深化をめざす新しいヘゲモニーを打ち立てなければならない。ポピュリスト・モーメントが求めているのは、そのような介入なのだ。

新自由主義の危機が新しいヘゲモニー秩序を構築するチャンスを示しているとしても、この新しい秩序が著しい民主的前進をもたらすという保証はどこにもなく、権威主義的性質をもった秩序が現れる可能性もある。だからこそ、左派にとって過去の過ちを繰り返さないことがきわめて重要なのだ。そのためには、ヘゲモニー的次元の理解を阻害する本質主義的な政治概念を放棄することが不可欠だろう。

いっそう民主的なヘゲモニー編成を確立するために、ポスト・デモクラシーに対抗する多様な民主的闘争をつなぎ合わせ、「人民」の構築をめざす左派ポピュリズム戦略が早急に必要である。これは現在の権力関係の大胆な転換と、新しい民主的諸実践を要するだろう。しかしだからといって、自由‐民主主義体制との「革命的な」切断が必要であると言っているわけではない。もちろん、左派の人々には、そのようなこと〔＝革命的な切断のない転換〕は不可能であると主張する人々もいるだろう。しかし、サッチャリズムの経験が示すのは、欧州社会においては、自由‐民主主義的な諸制度を破壊せずとも、現行のヘゲモニー秩序を転換させられるということなのだ。

サッチャリズムから教訓を得るとは、中道右派と中道左派のあいだにあるポスト政治的なコンセンサスを破棄し、政治的フロンティアを確立することが、今日の情勢において決定的な一手になると認識することだ。対抗者を定めることなしには、ヘゲモニー的攻勢に打って出ることはできない。しかしながら、これこそまさに、新自由主義へと転向した社会‐民主主義政党には踏み出せないステップなのである。それは彼らが、民主主義とはコンセンサスをめざすべきであり、対抗者がいなくても政治が成立すると考えているからにほかならない。

左派ポピュリズムはこのような見方に異議を申し立てる必要があるのだが、今日の勢力関係は、『民主主義の革命』で検討した当時の情勢よりも、明らかに不利になっている。新自由主義的ヘゲモニーの時代に、社会‐民主主義が成し遂げた多くのものが解体されてしまった。そして私たちは、かつて十分にラディカルではないとして批判していた福祉国家の諸制度を擁護しなければならないという逆説的な状況に陥っているわけだ。

戦後コンセンサスが危機にあった時代、社会民主主義はインフレーションの進行と景気後退によって弱体化していたものの、いまだイデオロギー的には敗北していなかった。そして、適切なヘゲモニー戦略を立てることができていれば、その社会的成果を守ることができたのかもしれない。民主的諸価値の多くが、社会‐民主主義的な良識（コモンセンス）の重要な要素としてまだ力をもっており、民主的価値観の根源化という観点から左派のプロジェクトを構想することが可能であった。これがもはやあてはまらないことは明らかである。新自由主義の「根源化」など考えられるはずもない。今日では民主主義を根源化する以前に、それを回復することが先決である。

このあるがままの情勢は、現行のヘゲモニー編成との決裂を求めているが、社会自由主義政党はこのことを受け止められないでいる。これらの諸政党は新自由主義的なヘゲモニー編成にあまりにがっちりと嵌まっており、彼らの改革主義的言説のせいで、政治的フロンティアを描いたり、新しい展望を示すことができないのだ。このような諸政党が危機の解決策を提示するためには、そのアイデンティティと戦略の根本的な転換が必要となるだろう。

ソヴィエト・モデルの崩壊以来、左派の多くのセクターは、彼らが捨て去った革命的な政治観のほかには、自由主義的政治観の代替案を提示できていない。政治の「友／敵」モデルは多元主義的民主主義とは両立しないという彼らの認識や、自由民主主義は破壊されるべき敵ではないという認識は、称賛されてしかるべきである。しかし、そのような認識は彼らをして、あらゆる敵対関係を否定し、政治を中立的領域でのエリート間の競争に矮小化するリベラルな考えを受け入れさせてしまった。ヘゲモニー戦略を構想できないことこそ、社会－民主主義政党の最大の欠点であると私は確信している。このために、彼らは対抗的で闘技的（アゴニスティック）な政治の可能性を認めることができないのである。対抗的で闘技的な政治こそ、自由－民主主義的な枠組みにおいて、新しいヘゲモニー秩序の確立へと向かうものなのだ。

幸運にも、いくつかの例外は存在する。たとえば、ジェレミー・コービンのリーダーシップのもとでのイギリス労働党の躍進がそれであり、彼らは左派ポピュリズム戦略に相当するものを実行している。トニー・ブレアが推進したコンセンサス・モデルを維持しようとする労働党の諸々のセクターとは対照的に、コービンの支持者とモメンタム運動[訳注8]は、人民と既得権益層のあいだに政治的フロンティアの確立をすすめてきた。最近の選挙キャンペーンでは、ブレア派のスローガン「少数ではなく、多くの人々のために（'For the many, not the few'）」を闘技的な仕方で意味づけなおし、「私たち」と「彼ら」のあいだに政治的フロンティアを構築したのである。

ブレア時代のポスト政治と明確に決裂し、急進的（ラディカル）なプログラムをつくり上げることで再－政治化したコービン率いる労働党は、かつて幻滅させた有権者の多くを取り戻し、かなりの数の若者らを引き寄せた。これこそ、民主政治に新しい刺激を与える左派ポピュリズムの力を証明するものだろう。

同時に、コービン体制のもとで労働党党員が大幅に増加したことは、多くの政治学者の主張とはちがい、政党という「形式」が時代遅れなどではなく、再活性化しうることを示している。事実、約六〇万人の党員を擁するイギリス労働党はいまや、欧州最大の左派政党となった。このことが示すのは、近年政党に向けられてきた不満が、市民には選択肢がないというポスト政治の帰結であったということだ。そして、民主主義を根源化するプログラムと同一化する可能性が市民に与えられたとき、この状況はひっくり返るだろう。

3 民主主義を根源化すること

民主主義を根源化する（ラディカライズ）とはどういうことか？　この点を明確にしておく必要がある。なぜなら、ラディカル・デモクラシーには様々な構想が存在し、また、『民主主義の革命』で擁護した「根源的で複数主義的なデモクラシー」について、深刻な誤解が生じてきたからである。自由民主主義と完全に決裂し、まったく新しい体制の創設を私たちが求めていると信じた者もいたのだ。〔しかし〕じっさいには、私たちが支持したのは、自由民主主義体制の倫理‐政治的な諸原理の「根源化」であり、「すべての人々の自由と平等」であったのだ。

このプロジェクトの重要な次元を成していたのは、左派にかんして、人々が抱いている信念を問いなおすことであった。その信念とは、いっそう公正な社会へと移行するためには、自由民主主義の諸制度を放棄し、まったく新しい政体を、つまり新しい政治的共同体をゼロから建設しなければならないというものである。私たちが主張したのは、民主的な社会において、現行の諸制度に批判的に関与することこそが、民主主義をいっそう前進させるということであった。

私たちの見方では、近代の民主的社会の問題とは、「すべての人々の自由と平等」という構成的な諸原理が、実行に移されていないということだった。左派の任務とは、それらを打ち捨てることではなく、その実効的な履行を求めることであった。それゆえ、私たちが唱えた「根源的で複数主義的なデモクラシー」は、現行の民主的諸制度の根源化であると捉えることができるだろう。それにより、自由と平等の原理は、ますます多くの社会関係において実効的なものとなるのだ。これは、まったくのやりなおし（リファウンデーション）を意味する革命型（revolutionary type）ではなく、したがって根っからの断絶を要求するものではない。そうではなく、自由と平等の原理はヘゲモニーによって、つまり民主的な伝統がもつ象徴的な資源を動員する内在的な批判を通じて成し遂げられるのだ。

左派ポピュリズム戦略が、ポスト・デモクラシーに異議を申し立て、平等と人民主権という民主的な諸価値の中心性を回復しうるとすれば、それはこのような内在的な批判によってであると考える。そうした介入の仕方が可能なのは、民主的な諸価値が新自由主義によって追いやられているとしても、それらがいまだ、私たちの社会の政治的想像力において重要な役割を果たしているからにほかならない。さらに言えば、その批判的な意味を、覇権的（ヘゲモニック）な秩序を転覆し、異なった秩序を創造するよう再活性化（リアクティベイト）することもできる。このことは、ポスト・デモクラシー的な状況に対する多くの抵抗運動が、平等と人民主権を掲げているという事実によっても裏書きされている。

現在の社会的かつ政治的退行が、新自由主義的な政策によってもたらされたことは間違いない。それにしても、ほとんどの抗議活動が、金融資本主義や新自由主義の直截的な拒否ではなく、既得権益層のエリートたちへの告発というかたちをとったことは注目に値するだろう。エリートらは、人々との話し合いをもつこともなしに、自分たちの利害を優先させる様々な政策を押しつけてきたとみられているのだ。

だからこそ、様々な抵抗運動が、デモクラシーの言語によって節合されえたのである。「広場の運動」のおもな標的が、政治システムと民主的制度の欠陥であったこと、そして彼らの求めたものが「社会主義」ではなく「真の民主主義」であったことはきわめて重要である。スペインのインディグナドス〔怒れる者たち〕のモットーを想起しておこう。「私たちは投票権をもっている。しかし私たちは声をもたない」。

私の考えでは、左派ポピュリズム戦略を民主的な伝統のなかに書き込むことは、決定的な一歩になる。なぜなら、これにより人々を奮い立たせるのに不可欠な、政治的諸価値とのつながりが打ち立てられるからだ。様々な抑圧に対する抵抗運動の多くが民主的な諸要求を掲げて現れたことは、政治的想像力のなかで「民主主義」というシニフィアンが果たす決定的に重要な役割を示している。いうまでもなく、このシニフィアンはしばしば悪用されたが、だからといってその根源的（ラディカル）な可能性を失ったわけではない。その平等主義的な次元を強調しつつ、これを批判的に使うことができれば、このシニフィアンは新しい常識（コモンセンス）を創出するためのヘゲモニー闘争において、強力な武器のひとつとなる。じっさい、グラムシはそのような方向性を提示していた。彼は、「すべての人」の個人生活のなかにまったく新たにひとつの科学をもち込むことが問題なのではなく、すでに存在している活動を革新し、「批判的」なものにすることが問題なのだ」(1)と主張していたのだ。

政治的主体性の構成における、民主的な言説の役割を捉えるためには、政治的アイデンティティが社会秩序における客観的位置の直接的な表現ではないことを理解する必要がある。これは、政治分野においては、反‐本質主義的アプローチの重要性を意味している。『民主主義の革命』で示したように、権力関係に対する闘争にも、またその闘争がとる形態にも、自然的〔生得的〕なものや必然的なものは何もないのだ。

様々な従属の形態に対する闘争は、従属それ自体の状況の直接的な帰結ではありえない。従属関係を敵対性の場に変容させるためには、言説的な「外部（エクステリア）」の存在が必要であり、従属の言説はその外部から中断される。これこそまさに、民主主義の言説が可能にしたものだ。今日の西欧社会においては、民主主義の言説が主要な政治的語彙（ボキャブラリー）となっており、そのおかげで私たちは従属関係を問いなおすことができるというわけだ。

自由と平等の原理が、民主的な想像力の母型（マトリックス）となったのはいつだろうか？　西欧社会の政治的想像力が決定的に変化したのは、トクヴィルが「民主主義革命」と呼んだものが現れた時代であった。クロード・ルフォールが示したように、その決定的な瞬間は、フランス革命がはじめて人民の絶対的な権力を肯定したときである。これが社会制度の新しい象徴的なモードを開始させたのだ。この象徴的なモードは神学‐政治的な母型を打ち破る。さらにこれが、「人権宣言」とともに、不平等の諸形態を不当であると問いなおす語彙を与えることとなった[2]。トクヴィルは、彼が「平等への情熱（passion for equality）」と呼んだものの転覆的な性格を認めた。彼はこう書いている。

> 平等がほかの世界同様、政治の世界にもやがては浸透すると考えぬわけにはいかない。他の点で平等な人間が、ある一点でだけ永久に不平等だとは考えられまい。いずれは、あらゆる点で平等になるであろう[3]。

確かに、貴族階級であるトクヴィルは、この新時代の到来を歓迎していたわけではなかった。しかし彼は、それが不可避であると観念せざるをえず、そしてじっさいに予見したことが現実となった。すなわち、政治的不平等への批判を皮切りに、様々な社会主義的言説、およびそれらの言説を内包した闘争を通じて、この「平等への情熱」は経済的不平等の問いなおしへとつながり、それによって民主主義革命の新しい一章がひらかれたのである。「新しい社会運動」の展開はさらなる一章、すなわち私たちがいま生きている章の幕開けであった。その特徴は、政治的、経済的不平等にくわえ、その他多くの不平等の形態を問いなおす点にあった。

二〇〇年以上も、民主的な想像力の力が効力をもちつづけ、新たに様々な領域で平等と自由の追求を鼓舞していることは特筆すべきことである。しかし、だからといって、平等な社会に向けた直線的で不可避の進化を、私たちが目撃しているのだと信じ込むべきではない。そのことは、過去数世紀のあいだ西欧が犯した数々の罪をみれば明らかだろう。そのほか、すでに示したように、自由と平等が完全に和解したことはなく、それらはつねに緊張関係にあるということも述べておこう。

より重要なことに、自由と平等は特定の解釈のもとで意味が争われるものであって、様々なヘゲモニー編成に書き込まれることでのみ存在する。ヘゲモニー編成は、種々の性質をもつ社会実践の構成体である――すなわち、経済的、文化的、政治的、そして司法的な社会実践の構成体であり、その節合は鍵となる象徴的なシニフィアンを中心に形成される。これらのシニフィアンが「常識（コモンセンス）」を形成し、社会の規範的な枠組みを提供している。ヘゲモニー闘争の目的は、現行の編成の沈殿した諸実践を解除〔脱節合〕し、これらの諸実践を変容させ、もう一度回復することで、新しい覇権的（ヘゲモニック）な社会編成の結節点を創り出すことなのだ。このプロセスは、必要なステップとして、覇権的なシニフィアンとその制度化の様態（モード）との再節合をともなっている。民主主義を平等な権利、生産手段の社会的所有、そして人民主権と節合できれば、それが自由市場と私有財産、そして際限のない個人主義と節合されていたときとは大きく異なったポリティクスが要求されることとなり、新しい社会－経済的な諸実践を提示してくれるだろう。新自由主義へとヘゲモニーが移行するなかで、マーガレット・サッチャーが成し遂げたそのやり口を私たちはみてきた。つまり、彼女の手腕によって、自由と平等の社会－民主主義的な節合はほどかれ、新自由主義プロジェクトの履行を可能ならしめる、それら価値観の新しい理解が広がったのである。

　あるヘゲモニー編成から別のヘゲモニー編成への移行における問題を捉えるためには、分析の二つのレベルを方法論的に区別しておく必要がある。すなわち、自由民主主義政体の倫理－政治的な原理のレベルと、それらが書き込まれるヘゲモニー形式のレベルである。そのような区別は、民主政治にとって決定的に重要である。なぜなら、自由民主主義の社会形態と両立するヘゲモニー編成の多様性を明らかにすることによって、ヘゲモニーの変容と革命的断絶の違いを可視化できるからである。

自由民主主義の社会は、倫理‐政治的な原理を備えた制度的秩序の存在を前提としている。この原理が制度の正統性を担保しているのだ。しかしこれらの原理は、様々な仕方で、特定のヘゲモニー編成において節合され、制度化される。ヘゲモニーの変容において賭けられているのは、新しい歴史的ブロックの構成にほかならない。この歴史的ブロックは、自由民主主義体制を構成する政治原理と、そこにおいてそれらの原理が制度化される社会‐経済的諸実践の様々な節合にもとづいている。あるヘゲモニー秩序から別のヘゲモニー秩序へと移行するさい、それらの政治原理は実行力をもちつづけるものの、しかし異なった仕方で解釈され、制度化される。このことは、ある政治体制との完全な断絶や、新しい正統性原理の採用として理解される「革命」とはまったく異なるものだ。

左派ポピュリズム戦略は、多元主義的な自由民主主義との極端（ラディカル）な切断や、まったく新しい政治秩序の創設をめざしているのではない。左派ポピュリズム戦略は、立憲主義的な自由‐民主主義的枠組みの内部で、新しいヘゲモニー秩序を打ち立てることを求めるのだ。その目的は、集合的意志を構築すること、つまりは、新しいヘゲモニー編成をもたらす「人民」を構築することにある。民主的な諸価値に指導的な役割を与えることで、この新しいヘゲモニーは、これまで新自由主義に否認されてきた自由主義と民主主義の節合を、再度打ち立てることになるだろう。民主的な諸制度を回復し、根源化するプロセスは、支配的な経済的利害との断絶と対立の契機を含むに違いない。しかしそれは、自由民主主義の諸原理の正統性を放棄することを求めるわけではない。

そのようなヘゲモニー戦略は、民主的な手続きを通じて、現行の政治的諸制度を変容させるべく、それらに関与していくものである。そして、それは改革か革命か、という誤ったジレンマを拒否する。そのため、この戦略は「極左」の革命戦略とも、あるいは単に政府の交代を求めるだけの社会的リベラルの不毛な改革主義とも明らかに異なる。このようなヘゲモニー戦略を「ラディカルな改革主義」、あるいはジャン・ジョレスにしたがい、「革命的改革主義」と呼ぶことができるかもしれない。この立場は、この改革がもつ転覆的な次元を示しており、さらに、民主的な手段を通じてではあれ、社会‐経済的な権力関係の根本的な変容をも求めているのだ。

したがって、一般に「左派」と理解されるものの連続体（スペクトラム）には、三つの種類の政治を区別することができるだろう。第一に「純粋な改革主義」である。これは自由民主主義の正統性の諸原理と現行の新自由主義的ヘゲモニーの社会編成を受け入れるものだ。第二に「ラディカルな改革主義」である。これは正統性の諸原理を受け入れるが、新しいヘゲモニー編成を履行しようとしている。最後に、「革命的な政治」である。これは現行の社会‐政治的秩序との完全な断絶を求めるものである。この第三のカテゴリーには、伝統的なレーニン主義的政治にくわえ、国家や自由民主主義の諸制度をそっくり拒絶するアナーキストや「叛乱（インサレクション）」も含まれている。

これら三つの形態の「左派」政治のあいだには、国家の性質や役割についての分岐点がある。改革主義的な見解は国家を、様々な社会集団の利害を調整する中立的な機関と想定している。また、革命的な見解は国家を、廃棄されるべき抑圧的な機関としてみている。それに対し、ラディカルな改革主義は、国家の問題に異なった仕方で取り組んでいる。グラムシ風に言えば、この立場は、国家を様々な力関係の結晶化として、つまり国家を一箇の闘争の領域として捉える。国家は同質的な媒介物などではなく、諸部門と諸機能のいびつな組み合わせであり、そこで生じたヘゲモニー的な実践によって統合されているに過ぎないのだ。

ヘゲモニー政治へのグラムシの重要な貢献のひとつは、「統合国家」という彼の構想にある。彼は、統合国家を政治社会と市民社会を含むものとして考えていた。これは、市民社会の「国家化」ではなく、市民社会の根本的に政治的な性格を示しており、市民社会はヘゲモニーを求める闘争の領域として提示されている。この見解によれば、政府という伝統的な装置と並んで、国家もまた、多様な装置と、様々な勢力がヘゲモニーを求めて争う公共空間から構成されているのである。

闘技的な介入のための場としてみたとき、これらの公共空間は、民主主義を前に進めるための領域を提供してくれる。だからこそ、ヘゲモニー戦略によって多様な国家機構に関与することが必要なのである。こうした関与を通じて、国家機構を変容し、多様な民主的諸要求を表出する手段にすることができる。重要なことは、多元主義を組織する国家や諸制度を「死滅」させるのではなく、むしろそれらを民主主義の根源化のプロセスに載せ、根本的に変容させることである。めざすべきは、国家権力の掌握ではなく、グラムシが「生成する国家（*becoming state*）」と呼んだものの掌握なのだ。

このような観点からみたとき、「ラディカルな」政治をどのように理解すべきだろうか？ある意味では、政治の革命型もヘゲモニー型も、現行のヘゲモニー秩序との断絶を示していることから、どちらも「ラディカル」と呼ぶこともできよう。しかし、この断絶は同じ性質のものではない。しばしばこれらは「極左」として同じカテゴリーに括られることがあるが、これは誤りである。

よく主張されていることとは反対に、左派ポピュリズム戦略は「極左」の具現化（アバター）ではない。この戦略は、民主主義の回復と根源化によって、新自由主義との決裂を構想するもうひとつの方法である。現状を擁護しようとする人々が、新自由主義的な秩序への批判のすべてに「極左」というラベルをはり、それを民主主義の危険と喧伝する現在の挙措は、現行のヘゲモニー秩序への挑戦をすべて阻害する陰険な試みである。そこでは選択肢は限定され、現在の新自由主義的なヘゲモニー編成を自由民主主義の唯一正統な形態として受け入れるか、もしくは新自由主義と自由民主主義をあわせて拒絶するかの、二者択一であるかのようにみられているのだ。

興味深いことに、これは、民主主義を根源化することで、自由民主主義の断念を求める左派と同じジレンマである。いくつかの場合、この誤ったジレンマは、自由民主主義の政治的諸制度と資本主義的な生産様式が一緒くたにされ、広く普及したことから生じている。確かに、そのような節合は私たちがこれまで歴史のなかで遭遇したものではあるが、それは偶発的な節合である。

多くの自由主義の理論家たちは、政治的リベラリズムは必ず経済的リベラリズムをともない、民主的な社会は資本主義経済を必要とすると主張している。しかしながら、資本主義と自由民主主義のあいだに必然的な関係など明らかに存在しない。自由民主主義を資本主義の上部構造として提示することで、マルクス主義がこの混同に手を貸してきたことは不幸なことである。この経済主義的なアプローチがいまなお、リベラルな国家の破壊を求める左派のいくつかのセクターで受け入れられていることは本当に残念なことだ。今日のあらゆる民主的な諸要求を前進させるのは、リベラルな国家の構成原理——権力の分立、普通選挙権、多党制、そして市民権——の枠組みの内部においてなのである。ポスト・デモクラシーに対する闘争は、これらの諸原理を放棄することにではなく、それらを擁護し、根源化することにあるのだ。

これは、資本主義的な秩序を唯一の可能なシステムとして受け入れることを意味しない。また、私が支持するラディカルな改革主義は、自由民主主義的な政治的枠組みの内部にとどまってはいるが、それによって資本主義的な生産関係への異議申し立てが阻害されるというわけでもない。だからこそ、政治的リベラリズムと経済的リベラリズムを区別することが重要なのである。

民主主義を根源化するプロセスは、必ずや反‐資本主義的な次元を含んでいる。というのも、挑むべき様々な従属形態が、資本主義的な生産関係の帰結だからである。しかし、だからといって、反‐資本主義的闘争において、労働者階級がア・プリオリに特権的な役割を担うと決めつける理由はない。じっさい、反‐資本主義的闘争には、ア・プリオリに特権的な場など存在しないのである。資本主義と人民セクターのあいだには、多くの敵対性の地点がある。これは、この闘争を民主的な諸原理の拡張として捉えたとき、様々な反‐資本主義的闘争が現れる可能性を意味している。ときには、当事者らにしても、自分たちの闘争を「反‐資本主義的なもの」とみなしていないこともあるかもしれない。それでも、これらの多くが平等の名において行われる以上、民主主義を求める闘争として捉えられるだろう。

人々は、社会主義へと通じる「歴史の法則」を信じて、抽象的な実体としての「資本主義」と闘っているわけではない。彼らが行動に移るのは、つねに具体的な状況にもとづいてのことなのだ。彼らが平等を求めて闘うとすれば、それは反‐資本主義の名において動員されるからではない。その理由は、支配の諸形態への抵抗が民主的な諸価値にもとづいており、これらの価値を中心にして、人々の実際的な願望と主体性に訴えかけるからなのだ。デイヴィッド・ハーヴェイのようなマルクス主義者でさえ、この見方には同意しているように思われる。ハーヴェイはこう書いている。「新保守主義派の権威主義に支えられた新自由主義の根深い反民主主義的性質が政治闘争の主要な焦点になるのは間違いない[4]」。

「極左」の基本的な過ちは、つねにこの点を無視してきたことにある。彼らは、現実において人々がどのように存在しているかではなく、彼らの理論にしたがい人々がどのように存在すべきか、ということに取り組んできた。その結果、極左は自分たちの役割を、人々に対して彼らがおかれている状況についての「真実」を理解させることであると考えている。人々が同一化できるような仕方で対抗者を指し示すことなく、代わりに彼らは「資本主義」といった抽象的なカテゴリーを使用する。そうすることで、政治的に行動するよう人々を動機づける情動的次元の動員に失敗しているのである。事実、彼らは人々の実情に即した諸要求に対しては鈍感である。その反 - 資本主義的なレトリックは、極左がその利害を代表するふりをしている集団に響いていない。だからこそ、彼らはいつも周辺的(マージナル)な立場にとどまっているのだ。

左派ポピュリズム戦略がめざすのは、権力をとる人民の多数派を創出し、進歩的なヘゲモニーを打ち立てることである。どのようにしてこれを実現するのか、最終目的地に向けての青写真は存在しない。等価性の連鎖を通じて「人民」は構成されるのだが、その等価性の連鎖は歴史的な情勢にかかっているのだろう。その動態（ダイナミクス）は、様々なコンテクストとの関係で決まるのだ。

同じことが、左派ポピュリズム戦略がめざす新しいヘゲモニーにもあてはまる。あらかじめプログラムが定まった「ポピュリズム体制」を打ち立てることが問題なのではない。問題は、民主主義の回復と深化を促すようなヘゲモニー編成の創出なのだ。このヘゲモニーは、どのような軌道を進むかにしたがって異なる名をもつだろう。それはたとえば、「民主的社会主義」、「エコ社会主義」、「結社民主主義（アソシエーティヴ・デモクラシー）」、あるいは「参加民主主義」と呼ばれるかもしれない。すべてはコンテクストと国民的伝統しだいなのである。

どのような名前をもつにせよ、重要なことは、次の点を認識することにある。つまり、「民主主義」が覇権的（ヘゲモニック）なシニフィアンとなり、これを中心にして、多様な闘争を節合するということ、そして政治的リベラリズムを放棄しないこと、これである。ノルベルト・ボッビオが唱える「自由主義的な社会主義」という用語が適当な表現かもしれない。彼はこの用語を使って、自由民主主義的な諸制度と社会主義的な特徴を備えた経済の枠組みがあわさった社会編成を提示している。

ボッビオは、社会主義を国家と経済の民主化であると理解している。社会主義と自由民主主義の節合を検討したいくつかの著作のなかで、彼は、民主的な社会主義は自由主義的な社会主義でなければならないと主張している。[5] ボッビオは、社会主義の目標を自由民主主義がもつ諸価値の深化としたうえで、その目標を実現するにあたって、立憲的な政府や法の支配との断絶は必要でないと、頑なに主張している。彼は、社会主義の目標が、自由民主主義の枠組みのなかで、はじめて実現されるとの考えを力強く擁護するのである。

このようにみれば、民主主義の根源化のプロジェクトは、社会自由主義へと転換する以前の社会民主主義といくつかの特徴を共有している。しかし、だからといってそれは、資本と労働の妥協といった戦後モデルへの単純な回帰ではない。そのような比較はもはや通用しないだろう。新しい民主主義的な要求を考慮に入れる必要があると同時に、環境保護が、戦後モデルへの回帰を許さない主要な理由になっていることはいうまでもない。消費者の要求と経済成長を促すケインズ主義的な解決は、環境破壊の動力装置(モーター)である。次章で議論するように、環境危機という困難に直面しているいま、ラディカル・デモクラシーのプロジェクトは、エコロジー的なものと社会問題を節合する必要に迫られている。発展の新しいモデルを中心に、民主的で社会主義的な伝統がもつ重要な諸側面の新しい綜合を想像する必要がある。

本章の最初で示したように、ラディカル・デモクラシーを捉える仕方は様々であり、それらの差異と不一致は一考に値するだろう。私の定義とその他の定義のおもな不一致は、代議制民主主義の問題にかかわっている。ラディカル・デモクラシーの理論家のなかには、代議制民主主義を撞着語法であると言う人もいる。たとえば彼らは、私たちが近年目撃している抗議運動こそ、代議制モデルの終焉の合図であり、非代表制的なデモクラシー、実効的なデモクラシーの要求であると主張している。『闘技学』のなかで、私はこの見解を批判し、私たちが直面しているのが、代議制民主主義「そのもの」の危機ではなく、現在のポスト・デモクラシー的なあり方が危機にあると議論した[6]。

この危機は闘技的な対立の不在に起因するものであり、「非代表制的な」デモクラシーを打ち立てることによって解決することはできない。議会外の闘争が民主主義を前進させる唯一の原動力であるとする考えと論争するなかで、私が主張したのは、マイケル・ハートとアントニオ・ネグリがとる脱走(ディザーション)と脱出(エクソダス)の戦略ではなく、国家や代議制度、およびそれらを大きく変容させる目的に「関与(エンゲージメント)」するという戦略である。

『アセンブリ(*Assembly*)』において、ハートとネグリが脱出戦略から立場を大きく変更したことは興味深いことである。彼らはここで、〈マルチチュード〉は脱出や撤退の方向に進むべきではなく、権力をとりにいく必要性を避けられないとし、「異なる仕方で権力をとる[7]」必要を主張する。これが何を意味しているのかはさほど定かではないが、いずれにせよ、〈マルチチュード〉がみずからを自己‐組織できるという考えは放棄しなかったようである。彼らは指導する(リーダーシップ)ことの役割を認識したが、それは戦術的な決定に限定すべきであり、戦略的な決定は

〈マルチチュード〉のもとにあるべきだと主張するのだ。彼らはこう述べている。

「指導すること」はつねにマルチチュードに従属し、そのつどの指示として配備されたり、解任されなければならない。このコンテクストにおいて、指導者たちがなおも必要かつ可能であるとすれば、それは、彼らが生産的なマルチチュードのために働くからに過ぎない。これは指導の消去ではなく、それを構成する政治的関係の逆転にほかならない。つまり、水平的な運動と垂直的な指導を結んでいる極性の反転である。[8]

この反転によって、彼らは、左であれ右であれ、あらゆるポピュリズムが直面する問題を避けることができると主張している。その問題は、「ある中心的なパラドックスによって特徴づけられる。すなわち、人民の権力への絶え間ないリップ・サービスと、小さな派閥に属する政治家たちによる意志決定というパラドックスである[9]」。

ハートとネグリの視座において中心的なものは、〈共〉（ザ・コモン）（the common）の概念である。それは私的であれ公的であれ、財産と対比して定義され、彼らのアプローチのかなめとなっている。この点にかんして、『アセンブリ』は『コモンウェルス（*Commonwealth*）』における分析を踏襲している。それによると、生-政治的な生産が、マルチチュードの民主主義に向けた条件をつくり出すのだという。なぜなら、それが〈共〉の表現である経済的かつ政治的主体性の諸形式を生み出すからである。労働が、資本の介入する必要のない協働を生み出すのにいっそう重大な責任を担うものとなっているため、生-政治的な生産が新しい民主主義的な可能性をつくり出すのだ。それゆえ、彼らによれば、〈共〉の原理にもとづく社会は、情報化と認知資本主義のプロセスによって、もうすでに始まっているとされる。

生産過程についての彼らの分析は多くの論者から批判されてきたが、私は彼らの分析にどれくらいの価値があるのかとは別に、〈共〉を言祝ぐことに問題点を見出している。問題なのは、〈共〉が組織と社会の主要原理を提供するという考え方である。つまり、〈共〉をもち上げることで、否定性と敵対性のない多様性を想定し、社会秩序に不可欠なヘゲモニーの性質を認めていないのである――この問題は、様々な仕方ではあるが、ほかの多くの理論家の著作にもみられるものだ。ハートとネグリの場合、代表と主権の拒絶は、内在主義的な存在論に起因するものであり、それは私のラディカル・デモクラシーの構想を支える存在論と明確に対立している。

さらに、民主主義の根源化をめざす別の構想（プロポーザル）のなかにも、代表への批判を見出すことができる。ここでは、くじ引きや抽選による古代の選出行為が、私たちの民主社会を現在襲っている代表の危機への救済策を提供するとして、様々な理論家たちによって提案されている。彼らの主張によれば、代議制民主主義は人民を権力から排除するために発明されたものであり、真なる民主的な秩序を打ち立てる唯一の方法は、選挙モデルを放棄し、それをくじ引きに代えることであるという(10)。

この見解の問題は、代表を選挙に還元し、多元主義的なデモクラシーにおける代表の役割を捉えていない点にある。社会は権力関係や敵対性によって分断されており、縦横に引き裂かれている。そして、代表制度はこの抗争的な次元の制度化にあたって、決定的な役割を果たしているのだ。たとえば、多元主義的なデモクラシーにおいて、政党は言説的な枠組みを提示している。この枠組みのおかげで、人々は自分たちがおかれている社会を理解し、その断層線を認識できるようになるのだ。

社会的行為者の意識が、彼らの「客観的」位置付けの直接的な表現でないこと、およびその意識がつねに言説的に構築されていることを認めるとすれば、政治的主体性が競合する政治的言説によって形成され、その形成に政党が本質的な役割を果たすことは明らかである。政党は象徴的な指標(マーカー)を提示するのであり、それによって人々はみずからを社会のなかに位置付け、彼らの生きた経験に意味を与えることができるのである。しかし近年では、これらの象徴空間は、ますます多様な性質を備えた別の言説によって占められるようになっており、このことが、かなり否定的な帰結を民主社会にもたらしている。ポスト政治的な転回のおかげで、政党は象徴的役割を演じる力を喪失してしまった。とはいえこれによって、民主主義が政党なしでもやっていけるという結論にいたるわけではない。繰り返し議論したように、多元主義的な民主社会は、多元主義を調和させるような反－政治的な形式によっては構想できず、絶え間ない敵対性の可能性を承認する。そして、そのような社会は、代表なしには存在しえないのだ。

実行力ある多元主義は、ヘゲモニー的なプロジェクト間の闘技的な対立を想定している。集合的な政治的主体が創出されるのは代表によってであり、それ以前には存在しない。抽選のようなモデルは、政治的主体の集合的な性格を認識せず、個人的な観点をもとに民主主義の実践を構想してしまっている。このようなモデルにデモクラシーの危機に対する解決策を求めるのではなく、活力あるデモクラシーを構成する闘技的な力動（ダイナミクス）を回復することが喫緊の課題なのだ。くじ引きによる選出は、より良い民主主義を打ち立てる手続きであるどころか、政治とは、諸個人を構成的な社会関係による重荷から解放し、個人の意見を尊重することであるという考えを促進するものだろう。

現行の代表制度のおもな問題は、それが異なる社会的プロジェクトのあいだの闘技的な対立を認めないことである。この闘技的な対立こそ、活力あるデモクラシーの条件そのものなのだ。市民から声を奪っているのは、代表という事実ではなく、闘技的な対立の欠如にほかならない。救済策は代表を廃止することではなく、私たちの諸制度をいっそう代表的にすることである。これこそ、左派ポピュリズム戦略がめざすものなのだ。

4 人民の構築

エルネスト・ラクラウと私が『民主主義の革命』を書いたとき、左派の政治的な挑戦とは、「新しい社会運動」の諸要求を認識し、それらを伝統的な労働者の要求に沿うかたちで節合することであった。昨今、これらの諸要求の承認と正統性は大きく進展し、その多くは左派のアジェンダへと統合されてきた。じっさい今日の状況は、私たちが三〇年前に批判したものから逆転し、いまや無視されているのは「労働者階級」の要求であるといえるかもしれない。

現在と当時とのもうひとつの違いは、新自由主義が多くの新しい敵対性の温床になっていることである。この敵対性は、福祉国家の破壊から生じた敵対性と同様に、多大な人民セクターに影響を及ぼしている。これらの敵対性のなかには、デイヴィッド・ハーヴェイが「略奪による蓄積」と呼ぶ現象に起因するものもある。ハーヴェイのこの用語は、民営化と金融化のような、一連の新自由主義的諸実践を通じた、ごく一部の限られた人々への富と権力の集中化を表現している。彼は、これらの実践が生み出した闘争の目新しさを強調している。

「略奪による蓄積」は、工業と農業における賃労働の拡大による蓄積とはきわめて異なった一連の行動パターンをともなう。後者は、一九五〇‐六〇年代の資本の蓄積過程を特徴づけていたが、それは「埋め込まれた自由主義」へと帰結した対抗文化を出現させた（たとえば労働組合や労働者政党に埋め込まれた対抗文化）。それに対して、「略奪による蓄積」は断片化され個別化されている――こちらでは私有化、あちらでは環境悪化、はたまた債務による金融危機といった具合だ。[1]

別の理論的な見方から、新しい敵対性の出現を強調する理論家たちもいる。彼らは、生のあらゆる領域において、生‐政治的で新自由主義的な形態をとった統治性の倒錯的な効果を指摘している。

新自由主義のもとで、対立の領野が大きく拡大したことは間違いない。ある意味で、これは一箇の機会を提供してくれてもいる。というのも、新自由主義的な政策の影響を蒙った人の数は、通常、伝統的に左派に投票すると考えられている人よりもかなり多いからだ。そのため、民主主義を根源化するプロジェクトはいまや、これまで左派であると自認してこなかった有権者にもアピールすることができる。そのうえで、しかるべきヘゲモニー政治によって、以前よりも多くの人々を進歩的な代替案へと惹きつけることができるかもしれない。しかしながら、これは同時に、民主的諸要求を集合的意志へと節合することをいっそう複雑にしている。なぜなら、私たちはいまや、諸要求のますますの多様性と異種混淆性（ヘテロジェネイティ）に直面しているからである。

　左派ポピュリズム戦略の挑戦とは、「社会問題」の重要性をもう一度肯定することである。このためには、「労働者」のいっそうの断片化と多様性と同時に、民主的諸要求の特異性を考慮に入れなければならない。この挑戦は「人民」の構築を必要とするのだが、この「人民」の構築は、搾取、支配、差別にかかわる様々な問題における多様な従属形態に取り組むプロジェクトを中心にして行われる。ここ三〇年で特に重要性をもつようになったある問題について、特別に強調しておかなくてはならない。それは今日、喫緊の課題となっており、まさにこの惑星の未来にかかわる問題である。

　「エコロジー問題」を検討すべき課題（アジェンダ）の中心におくことなしに、民主主義を根源化するプロジェクトを思い描くことはできない。したがって、この問題を社会問題と結合させることがきわめて重要となる。間違いなく、これは私たちの生活様式にかなりの変化を要求するものとなるだろうし、多種多様な抵抗を克服しなければならないだろう。生産主義モデルを放棄し、必要なエコロジー的転換を果たすためには、真にグラムシ的な「知的で道徳的な改革」を必要とする。これは確かに容易ではないが、野心的で、綿密に計画されたエコロジー的プロジェクトは、未来の民主社会についての魅力的な展望を提示する可能性を秘めている。これによって、現在は新自由主義的なヘゲモニー・ブロックに統合されているいくつかのセクターを引き込むことができるかもしれないのだ。

私たちの社会における主要な亀裂は、新自由主義的なグローバル化の「負け組」と「勝ち組」のあいだに存在し、両者の利害を和解させることなどできないとしばしば言われている。そのような裂け目は確かに存在しており、二つの陣営のあいだには明らかな敵対性がある。この敵対性を99％ vs. 1％の対立として単純に描くことはできない。それにもかかわらず、新自由主義モデルから利益を受けているセクターのなかにも、環境への深刻な危険に気づき、子孫のために、人間の未来を保証する社会的プロジェクトに味方してくれる人もいると私は信じている。民主主義的かつエコロジー的な価値観にもとづいて、新自由主義モデルに対する、対抗ヘゲモニーの闘争を打ち出すことができれば、新自由主義モデルが依拠する歴史的ブロックを脱臼させ、ラディカル・デモクラシー的な集合的意志を拡張する一助となるかもしれない。

民主主義の根源化に好意的な人々のなかにも、多様な闘争を一箇の集合的意志に節合することは必要ないと考えたり、あるいは望ましくもないと考える人もいる。じっさい、左派ポピュリズム戦略について、次のような異論がよくみられる。すなわち、民主的な諸要求を「人民」の創出にまとめてしまうと、同質的な主体を生み出すことになり、複数性を否定してしまう。

そして、そのような試みは、様々な闘争の特異性を抹消してしまうために、いかなるものであれ峻拒されねばならない、というものだ。これとは少し違った異論も存在する。すなわち、ポピュリズムが念頭におく「人民」は、最初から同質的なものとみなされており、この考え方は民主的な多元主義とは両立しない、というものである。

これらの異論は、左派ポピュリズム戦略が反 - 本質主義的なアプローチをとっている点を把握しそこねている（もしくは把握することを拒絶している）ことから生じている。反 - 本質主義的アプローチでは、「人民」は経験的な参照項ではなく、言説による政治的構築物なのである。「人民」は、行為遂行的な節合に先立っては存在せず、社会学的なカテゴリーによって理解することもできない。これらの批判は、人民を構築する仕方についての無理解を露呈してしまっているのだ。集合的意志は等価性の連鎖によって生まれるのだから、人民は、あらゆる差異がどういうわけか統一性に縮減されてしまうような同質的主体ではない。

しばしば主張されるように、私たちは、ギュスターヴ・ル・ボンが理解したような「群衆（マス）」を扱っているのではない。「群衆」においては、あらゆる差異は消え去ってしまい、完全に同質的な集団を生み出すだろう。しかし、私たちがみているのは節合のプロセスなのである。そこでは、等価性は異質な諸要求の多様性のあいだにできあがり、集団の内的な差異化は維持される。エルネスト・ラクラウが詳述したように、「それぞれの個別的な要求は、構成的な仕方で分割されている。一方で、要求はそれ自体として個別化されたものである。他方でそれは、等価性の関係によって、その他の諸要求の全体性を指し示してもいる」[2]。

ラクラウと私が繰り返し強調したように、等価性の関係は、あらゆる差異を同一性へと回収してしまうものではなく、差異がなおも活動的であるような関係である。その差異が抹消されてしまうのであれば、それはもはや等価性ではなく、単なる同一性になってしまうだろう。民主的な差異が、あらゆる差異を否定するような勢力や言説に対抗するかぎりで、これらの差異は互いに代替可能となる。だからこそ、等価性の連鎖を通じた集合的意志の創出には、対抗者を明示する必要があるのだ。そのような挙措は、必然的に、「私たち」を「彼ら」から切り離す政治的フロンティアをつくることになるだろう。それこそが、「人民」の構築に決定的に欠かすことのできないものなのである。

「等価性の連鎖」は、既存の政治的主体の単なる寄り合い（コーリション）ではないと強調しておきたい。また、すでに構成された人民が、あらかじめ存在する対抗者に対立するといった状況を指しているのでもない。人民、およびその対抗者を定める政治的フロンティアは、政治的闘争を通じて構築される。それは対抗ヘゲモニー的な介入による再節合につねに曝されている。左派ポピュリズム戦略が節合しようとする民主的な諸要求は、互いに異質なものであり、だからこそそれらは、等価性の連鎖のなかで節合される必要があるのだ。

この節合のプロセスは決定的に重要である。なぜなら、一つひとつの要求がその政治的意義づけを獲得するには、この連鎖に刻まれることが必要であるからだ。重要なのは、その諸要求がどこから来るかということではなく、それらがどのようにほかの諸要求と節合されているか、ということである。右派ポピュリズムの例が証明しているように、民主主義に向けた諸要求は、排外主義的な語彙に節合されることもあり、自動的に進歩的な性格をもっているわけではない。それらはただ、ほかの民主的な諸要求——移民やフェミニズムの要求など——と等価性の関係を築くことによってのみ、ラディカル・デモクラシーの次元を獲得するのだ。いうまでもなく、このことは、女性、移民、あるいはその他の被差別集団から生じる要求にも同じくあてはまる。

本来的に解放的で、正反対の目的には向かうことのない闘争があると当然視するべきではない。昨今、明らかに反‐民主主義的な性質をもったエコロジーの諸形態が展開しており、これを、新自由主義モデルの拒否が民主主義を前進させる保証にならないことの警告としてみるべきだ。ほかの領域においてそうであるように、エコロジーにおいても節合の問題が決定的であり、だからこそ民主主義を根源化するプロジェクトとの同一化を中心にして、エコロジー問題と社会問題を結びつけることが重要なのだ。

私のこれまでの主張——等価性の連鎖が同質的な主体を生み出すことはないという主張——に沿うかたちで、ラディカル・デモクラシーとの同一化を構想することは、いかにして可能となるだろうか？　この問題にきちんと取り組むには、社会的行為者を、特定の言説内部で構築されたものとして捉えることが必要である。この言説は、社会的行為者が位置付けられている社会関係の多様性を映し出すものだろう。これらのうちには、社会的行為者を政治的共同体に挿入する社会関係も存在する。つまりは「市民」としての立場のことだ。

　社会的行為者が政治的共同体のレベルに干渉するのは市民としてである。シティズンシップは多元主義的な自由民主主義における中心的カテゴリーである一方で、様々な仕方で理解でき、かなり異なった政治の構想を含んでいる。リベラリズムはシティズンシップを単なる法的なステータスと捉え、市民を「私たち」との同一化とは関係のない、諸権利の個別的な担い手としてみている。しかし、民主主義の伝統においてシティズンシップは、政治的共同体への積極的な関与と捉えられている。つまり、一般的な関心の特定の構想と一致して、「私たち」の一部として行為するということだ。だからこそ、ラディカル・デモクラシー的なシティズンシップの構想が、ポスト・デモクラシーに対する闘いにおいて鍵となるのだ。

　そのような構想を展開するには、市民的共和主義（シヴィック・リパブリカニズム）の伝統に着想（インスピレーション）の源泉を見出すことができるかもしれない。この伝統は、政治的共同体への積極的な参加を強調する。マキャヴェッリが編み出した「民衆的」な市民的共和主義は、これを多元主義を包含するような方法で再定式化できれば、新自由主義的ヘゲモニーの支配のなかで、たえず攻撃を受けてきた集合的行為の重要性と公的領域の価値の再肯定を後押しするだろう。

自由主義的な見解と民主主義的な見解は、つねにくいちがう関係にあったが、ケインズ主義的福祉国家の時代においては、自由主義的な個人主義は社会－民主主義的な諸実践によって牽制されていた。全体として言えば、新自由主義の攻勢によって切り崩されるまでは、社会－民主主義的な共通感覚が優勢であったのだ。私たちは、サッチャリズムのもとでいかに市民が「納税者」に置き換えられたのかを目撃してきた。そこでは、自由という政治概念が、自由市場という経済的な観念と、選挙の手続きに縮減された民主主義と節合したのである。新自由主義的へゲモニーに対抗するへゲモニー闘争において決定的となるのは、「公的なもの」をめぐる闘いである。すなわち、市民たちが声をもち、権利を行使する領域として「公的なもの」を意味づけなおすことで、個人主義的で、「消費者」としての市民という現在支配的となっている概念――これがポスト・デモクラシー的な見方の根幹をなしている――を置き換えなければならない。

『政治的なるものの再興』[3]のなかで、私は「行為の文法」としてのシティズンシップという構想を提示した。これは自由民主主義の政体がもつ倫理－政治的な諸原理――つまり、全員の自由と平等――にしたがったものだ。これらの原理は様々な仕方で解釈されうるので、同一化のあり方も民主的な市民として振る舞う方法も多様である。たとえば、シティズンシップの社会－民主主義的な構想は、社会的かつ経済的な諸権利をめぐる闘争を重視するのに対し、ラディカル・デモクラシー的な解釈では、自由と平等の原理の適用を必要とする支配関係に注目するだろう。ラディカル・デモクラシーにおけるシティズンシップの構想を、多様な民主的闘争にかかわる人々に共通の同一化を可能にするものとして捉えれば、この構想は、等価性の連鎖を通じた「人民」の構築における中心点を構成することができるだろう。民主主義の根源化を政治目標とする市民たちを同定するとは、複数の社会的行為者を結びつけることだろう。彼らは様々な事業に関与しているのだが、その「行為の文法」は、市民として行為するときには、自由と平等という倫理－政治的な原理を、幅広い範囲の社会関係にまで拡張しようとするのだ。

特定の社会関係――そこではセクターを超えた自由と平等のための闘争が生じている――に書き込まれた社会的行為者の問題に続いて、国家を変容させる――これはラディカル・デモクラシーのプロジェクトの定式化にとって欠かせないものだ――という点からみれば、共同行為を必要とするその他の問題が存在する。たとえば教育の領域においてそうであるように、ラディカル・デモクラシーが追求する平等主義的な目標の多くは、国家の介入によってはじめて実現できるものである。この介入は官僚主義的かつ権威主義的に構想されるべきではないし、国家の役割は、市民が公的なサービスに責任をもち、それを民主的に組織する諸条件を提供するものでなければならないだろう。

シティズンシップを政治的な「行為の文法」として捉えるとは、次のようなことを示している。すなわち、ラディカル・デモクラシーのプロジェクトと同一化した「人民」の一部でありながらも、同時に、それぞれに特異な「主体性」をもち、その他にも多様な社会関係に自分たちを位置付けることができるということだ。民主主義を根源化するために、政治的なレベルで市民として行為することは、同一化のその他の形式を放棄することを意味しないし、一時的な性格をもつ民主的な闘争に関与することと完全に両立するものである。じっさい、ラディカル・デモクラシー的なシティズンシップは、そのような多様な関与を後押しするものである。だからこそ、左派ポピュリズム戦略は、代表制の内部で、そして様々なアソシエーションや社会運動において、「垂直的」レベルでの介入と「水平的」レベルでの介入の節合を求めるのだ。それは同時に、多様な支配形態に挑戦し、生にまつわる新しい平等主義的な形式を試みる、多方面の諸実践の相乗効果（シナジー）を創出することでもある。

たとえば、ポデモスや不服従のフランスの政治プロジェクトに市民としてかかわる人々は、代表制に様々な仕方で介入すると同時に、複数の民主的諸実践やより特定の問題に焦点をあてるような闘争にも関与するだろう。ラディカル・デモクラシー的な市民からなる「私たち」に加わることは、多様なほかの「私たち」に参加することを排除しないのだ。

とはいえ、ここではっきりさせておくべきなのは、次の点である。私が主張しているように、シティズンシップを行使できる領域を拡張させることは、あらゆる民主的な決定が、市民の立場にある社会的行為者によってなされねばならないことを意味しない。政治的共同体の構成員としての問題と、その他の社会関係に関連し、複数の個別のコミュニティにかかわる問題とを区別することが重要である。それらを区別しなければ、全体的な見解をとってしまうことになり、自由の価値を尊重するラディカル・デモクラシーの構想にとって不可欠な多元主義を否定してしまう。

私が主張するラディカル・デモクラシー的なシティズンシップの構想は、さきほど支持を表明したような、制度に関与するラディカルな改革主義の政治と密接に結びついたものである。このラディカルな改革主義は、国家を民主政治の重要な舞台と考えている。なぜなら国家は、市民が政治的共同体という組織についての決定をくだす空間を構成しているからだ。これこそ人民主権が行使される空間である。しかし、このことは、闘技的な対立のための諸条件が存在することを前提としている。そのためにこそ、新自由主義的なポスト政治的コンセンサスを打破することが不可欠なのだ。

リベラルな論者たちが装ってきたものとは異なり、国家は中立的な領野ではない。それはつねにヘゲモニーによって構造化されており、対抗ヘゲモニー的な闘争にとって重要な足場を構成している。しかし、国家は介入のための唯一の足場というわけではない。政党と運動を対立させたり、議会内と議会外の闘争を対立させることは拒否されなければならない。民主主義の闘技モデルにしたがえば、民主主義の根源化のために介入すべき多様な闘技的公共空間が存在する。議会という伝統的な政治空間は、政治的決定が行われる唯一の空間ではないということだ。代表制は重要な役割を保持もしくは回復すべきではあるが、民主的な参加の新しい形態には、民主主義の根源化が必要となる。

　前章において私は、ラディカル・デモクラシーの純粋に水平的な構想に反対する議論を展開したが、だからといって現在の代議制民主主義の形態が好ましいと思っているわけではない。私が支持する民主主義の根源化のプロジェクトは、自由と平等を実現すべき空間と社会関係に立脚しつつ、民主的な参加の様々な形態を組み合わせることを想定している。多様な代表形態と代表選出方法の接続（アーティキュレーション）を想像できるだろう。あるときには民主主義の直接的な形態が相応しく、別のときには参加型の形態が相応しいということもあるだろう。私は直接民主主義やくじ引きが、政治的な意志決定の唯一のやり方と考えられることには批判的だが、特定の場合には、それらが代表制度と一緒に何某かの役割をもつことを認めるのにやぶさかではない。確かに、代議制民主主義を強化し、それをいっそう説明責任にかなったものにする多くの方法が存在している。〈共〉という流行りの考え方について言えば、社会組織の一般原則としては不適切であると考える一方で、いくつかの領域において、「共－化（commoning）」の実践は重要な役割を果たすだろう。それはたとえば、水資源のような〈共〉の一部として考えられるべき様々な財を私有化する過程に抗うものだ。そこで提示された政治モデルが、社会の分断と、あらゆる秩序が覇権的に構造化されていることを認めるのであれば、民主的な手続きの多様な配置が可能となるだろう。

シティズンシップについてのここまでの考察に、次の点をつけ加えておきたい。すなわち、人民を構築するヘゲモニーの働きは、集合的意志を構成している多様な民主的諸要求を等価性の連鎖につなぎとめる一箇の節合原理を必要とする。この節合原理は、情勢に応じて変化するだろう。それを与えることができるのは、民主主義を根源化するための共闘のシンボルになるような、ある特定の民主的な要求か、あるいは指導者の存在である。

ポピュリズム戦略における指導者の役割は、つねに批判の対象であったし、さらに、運動がしばしば権威主義的であると追及される理由でもある。多くの人がカリスマ的なリーダーシップを危険であると考えており、それが否定的な効果をもちうることはそのとおりである。しかし、傑出した指導者のいない重大な政治運動の具体例を探すことはかなり難しいという事実は別にしても、強力なリーダーシップを権威主義と同一視する理由はない。すべては、指導者と人民のあいだにどのような関係性が築かれているのかにかかっている。右派ポピュリズムでは、その関係はかなり権威主義的なものであり、真の草の根の参加などなく、すべては上からもたらされる。

一方で、指導者を自分たちのなかの第一人者（*primus inter pares*）と捉えることもできる。これにより、まったく異なったタイプの関係を打ち立てることができ、指導者と人民のあいだの垂直的関係は抑制されるだろう。さらに、このあとで議論するように、集合的意志は何らかの共有された感情（アフェクト）の結晶化なしには構築されえない。この過程で重要な役割を果たすのは、カリスマ的な指導者との情動的なつながりなのである。

左派ポピュリズムに向けられるその他のよくある批判は、それがナショナルな次元に与えている役割についてのものだ。このことは欧州連合（ＥＵ）の構成員資格（メンバーシップ）――これは本書の射程を超えている――のような、様々な問題を提起している。これらの問題は、特定の政策にではなく、現代的な情況においてヘゲモニーの変容をめざす集合的意志を生み出すことのできそうな戦略にのみかかわっている。いったんそのような変容が生じれば、民主主義の根源化に向けたより相応しい政策について、闘技的な論議を行うための条件が整うだろう。それゆえに、答えをあらかじめ決定すべきではない。

私が強調しておきたいのは、民主主義を再生するためのヘゲモニー闘争は、国民国家のレベルで開始する必要があるということだ。多くの権限を失ってしまったものの、にもかかわらず国民国家はいまだ、民主主義と人民主権を行使するための重要な空間のひとつである。民主主義を根源化するという問題が最初に提起されなければならないのは、ネーションのレベルにおいてである。国民国家とは、新自由主義的なグローバル化がもたらしたポスト・デモクラシーの影響に抗するための、集合的意志が構築されるべき場所である。この集合的意志が強固になってはじめて、別の国で生じた類似の運動との連携を生産的なものにすることができる。新自由主義との闘いに、ネーションのレベルだけでは勝利できないことは明らかである。欧州レベルでの同盟を打ち立てることが必要なのだ。しかし、左派ポピュリズム戦略は、同一化のネーション的――あるいは地域的――な形態で作用している、強固なリビード備給を看過してはならない。この領野を右派ポピュリズムに明け渡すことはあまりにも危険だろう。このことは、ナショナリズムの閉鎖的で防衛的な形式を促すといった右派的な例に倣うということではない。そうではなく、国民的（ナショナル）な伝統の、最良でいっそう平等主義的な側面であるパトリオティックな同一化へと人々を動員することで、感情の別のはけ口を示すのである。

さて、「人民」の構築にとって決定的な問題を考えるときだろう。つまり、政治的アイデンティティの構成において感情（アフェクト）が果たす重要な役割のことだ。私の考えでは、同一化の過程における情動的次元についての理解の欠如こそ、左派が合理主義的な枠組みに囚われ、政治の動態（ダイナミクス）を捉えそこなうおもな要因なのである。そして、この合理主義こそ間違いなく、多くの左派の理論家たちが精神分析の教えを頑なに拒否することになった起源にほかならない。

これは深刻な欠陥である。というのも、フロイトが主体の統合的性格という考え方を批判したこと、そして人間の精神が二つのシステム――そのうちのひとつは意識的なものではなく、意識化することもできないものだ――に分割されていると主張したことは、政治にとって決定的に重要であるからだ。フロイトが示しているのは、人格が自我の透明性を中心に組織されているのではなく、行為主（エージェント）の意識や合理性の外側にある多くの水準で構造化されているということなのだ。そのため、彼は、合理主義的な哲学にとっては重要な教義のひとつを放棄するよう強いる。この教義こそ、合理的で透明な実体という主体カテゴリーにほかならず、これが行為の全体性に同質的な意味を賦与している。さらに、フロイトは「個人」というものが単に指示的なアイデンティティであって、それは局地化された主体位置のあいだの節合から生じたものに過ぎないことを受け入れるよう求めている。本質的なアイデンティティは存在せず、ただ同一化の形式のみがあるとする精神分析の主張が、反‐本質主義的なアプローチの中心にある。主体の歴史とは同一化の歴史なのであり、同一化の背後に救出されるべき同一性（アイデンティティ）が隠れているわけではない。

フロイトに依拠することで、このアプローチは、政治的アイデンティティの構築が政治の重要な次元を成しており、この構築にはつねに情動的な次元をともなうことを認めている。『集団心理学と自我の分析』のなかで、フロイトは、集合的な同一化の過程において、リビードの紐帯が果たす重要な役割を強調している。「集団は明らかになんらかの力で結合されているということであるが、エロス以外のどんな力にこのはたらきを帰することができようか[4]」。

このリビード・エネルギーの役割を認め、それがしなやかに多様な方向へと向かい、様々な感情を生み出すという事実を認識することは、ヘゲモニーの動き方を捉えるうえで決定的に重要である。民主主義の根源化をめざす集合的意志を創り出すためには、民主的で平等主義的な展望との同一化を引き起こす言説的実践への書き込みを通じて、情動のエネルギーを動員する必要がある。「言説的実践」とは、発話と書き言葉にのみかかわる実践を意味しているのではない。「言説的実践」とは、そこにおいて意味作用と行為を、言語的要因と情動的要因を区別することができない、そうした意味づけの実践を指しているのだ。言葉、感情、そして行為をともなう言説的／情動的（アフェクティヴ）な意味づけの実践のなかではじめて、社会的行為者は主体性の形式を獲得するのである。

言説的／情動的な書き込みをどのように思い描けるだろうか。これについて、私たちはスピノザに重要な洞察を見出すことができる。彼の「コナトゥス」の概念は、フロイトの「リビード」と類似性をもっている。フロイトと同様に、スピノザは、人間を行為へと動かすのは欲望であると信じている。人々を別々の方向ではなく、ひとつの方向に向けて行為させるのは感情であると彼は述べている。『エチカ』における感情についての省察のなかで、スピノザは触発（アフェクション）〔変状」（*affectio*）と感情（アフェクト）（*affectus*）を区別している。[5]「触発（アフェクション）」は、ある物体がほかの物体の活動に影響を受けてとる状態である。外側にある何かに触発（アフェクテッド）されたとき、コナトゥス（みずからの存在を保存しようとする一般的な努力）は、何かを欲望し、それにしたがって行為しようとする感情を経験するだろう。

私は、政治的アイデンティティの形成過程を検討するために、この触発（アフェクション）／感情（アフェクト）の力動を利用することを提案したい。つまり、「触発（アフェクション）」を言説的なものと情動的なものを節合し、同一化の特定の形式を生み出す実践であると考えるのだ。感情の結晶化として捉えれば、この同一化は政治にとって決定的に重要である。というのも、この同一化が政治的行為ための原動力を提供するからだ。

ヘゲモニーによるアプローチは、「情動論的転回」の一部の理論家から批判されてきた。彼らが主張したのは、このアプローチが言説的な次元のみを考慮に入れているということであった。この批判に応えて、ヤニス・スタヴラカキスは、誤っているのは「ポスト・ヘゲモニー的」なアプローチを支持する人たちであることを示している。なぜなら、彼らは言説的なものを情動的なものから切り離すことによって、それらが構成的な仕方で相互に関連していることを見逃してしまっているからだ。[6]それとは反対に、ヘゲモニーの言説理論はその相互関連を認めており、「感情の秩序に属するものが、社会的なものを言説的に構築するにあたり、一義的な役割を担っている」[7]と主張するのだ。

「情動論的転回」を推し進める人のなかには、スピノザの思想にもとづいて感情についての見解を示す者もいる。しかし、そのような系譜学には疑義を挟むもっともな理由がいくつもある。私は、フレデリック・ロルドンの解釈をかなり説得力のあるものと思っている。彼は、スピノザにおける感情の役割を読解するにあたり、政治というものが、スピノザにとってはいかに触発の技法（*ars affectandi*）であったかを強調している。これは、感情を喚起する力をもった観念（*idées affectantes*）を生産するものだ[8]。ロルドンは、マルクス主義が物質的な規定に与えた特権と、物質と観念のあいだに打ち立てた問題含みの二律背反(アンチノミー)を問いなおす。彼が示すところでは、スピノザは、物質的な規定と同時に、観念から生じる「触発(アフェクション)」の概念によって、二律背反を克服しようとしているのだ。感情との結合が生じるときにこそ、観念は力を得るのである。

言説的／情動的な実践を構想するにあたり、私たちはヴィトゲンシュタインから着想を得ることもできるだろう。彼は、社会的行為者が何らかの信念や欲望を形成し、主体性を獲得するのは、「言語ゲーム」（私たちが言説的実践と呼んでいるもの）への書き込みを通じてであることを教えてくれている。彼のアプローチにしたがえば、民主主義への忠誠は、合理性によってではなく、ある特定の生の形式への参加として捉えることができる。リチャード・ローティがしばしば指摘していたように、ヴィトゲンシュタイン的な見方をとることによってわかるのは、民主主義への忠誠と民主的諸制度の価値に対する信念は、知的な基礎付けを民主主義に与えるかどうかとは関係がないということなのだ。

民主的な価値観への忠誠とは、同一化の問題である。民主主義への忠誠は、合理的な論証によってではなく、民主的な形式の人格をつくる言語ゲームの組み合わせ（アンサンブル）を通じて創出されるのだ。ヴィトゲンシュタインは、宗教的な信仰を「あるひとつの座標系を情熱的に受け入れる」[9]ことになぞらえ、様々な様態の忠誠がもつ情動的次元を認めている。スピノザとフロイト、そしてヴィトゲンシュタインをひとつにまとめると、言説的実践への書き込みが触発（アフェクション）をもたらすのであり、スピノザにとってこれは、欲望を掻き立てて特定の行動に急かす感情を生み出すものなのである。こうして、同一化の集合的な形式を構成するにあたり、感情と欲望が決定的な役割を果たすことがわかるであろう。

政治において感情が果たす重要な役割、および感情の動員方法を認識することは、より効果的な左派ポピュリズム戦略をデザインするためにも必要なことだ。このような戦略は、グラムシが「感覚（フィーリング）―情念が了解となる有機的な結合」を求めるときの彼の導きにしたがうべきである。左派ポピュリズム戦略は、「常識（コモンセンス）」にもとづく様々な考え方に働きかけ、人々の感情に届く方法で訴えかけなければならない。この戦略は、呼びかける人々の価値観とアイデンティティとも調和し、人々の経験の様々な側面と結びつかなければならないだろう。人々が日常生活のなかで直面している問題と共鳴するような呼びかけを行うためには、彼らがどこに暮らし、何を感じているのかということから出発する必要がある。彼らを非難する立場から抜け出て、未来の展望と希望を示さなければならないのだ。

左派ポピュリズム戦略は、いっそうの民主的な秩序を求める共通の感情に支えられた、集合的意志の結晶化をめざしている。この戦略が要求するのは、新しい同一化の形式をもたらす言説的／情動的な実践への書き込みを通じて、欲望と感情の様々なレジームを創出することである。これらの言説的／情動的な実践は多様な性質をもっているが、文化と芸術の分野が、様々な形式の主体性を構成するにあたり、きわめて重要な領域を構成している。

ふたたび、グラムシによる導きが不可欠である。というのも、彼は、「常識」の形成と拡散にあたり、文化的な領域の中心性を示したからである。ここで「常識」とは、ある特定の現実の定義を命じるものである。「常識」をある言説的節合の結果とみることで、対抗ヘゲモニー的な介入が「常識」をどれほど変容させるのかを理解できる。私は『闘技学』のなかで、ヘゲモニー闘争においては、芸術的かつ文化的な実践がいかに重要な役割を果たすのかを強調した。そして、もし芸術的な実践が、主体性の新しい形式を構成するにあたり決定的な役割を果たすことができるとすれば、それは、感情的な反応を引き起こす様々な資源を使いながら、情動的な次元で人間をつかまえることができるからである。[10] これこそまさに、芸術の偉大な力であり、この能力によって私たちは物事を異なる方法でみることができ、新しい可能性に気づくことができるのだ。

したがって、芸術的かつ文化的な諸実践は、左派ポピュリズム戦略において重要な役割をもっている。新自由主義システムがそのヘゲモニーを維持するには、人々の欲望をたえず動員し、人々のアイデンティティを形づくる必要がある。新しいヘゲモニーをつくり出すであろう「人民」の構築は、言説的／情動的な実践の多様性を育むことを必要としているのだ。これらの実践が新自由主義的なヘゲモニーを支える共通の感情を切り崩し、民主主義の根源化に向けた諸条件を創出するだろう。共通の感情を形成する重要性を認めることは、左派ポピュリズム戦略にとって必要不可欠である。なぜなら、スピノザが鋭くも強調したように、ある感情にとって代わることができるのは、抑制しようとするものよりも強力な、反対の感情のみだからである。[訳注9]

結論

西欧における今日の情況を検討しながら、私たちはいま「ポピュリスト・モーメント」の渦中にいると論じてきた。このポピュリスト・モーメントは、ここ三〇年のあいだに新自由主義的ヘゲモニーがもたらした、ポスト・デモクラシー状況への抵抗の表出にほかならない。このヘゲモニーは現在危機に陥っており、新しいヘゲモニー編成を確立するチャンスを創出している。この新しいヘゲモニー編成がより権威主義的なものになるか、あるいはいっそう民主主義的なものになるかは、ポスト・デモクラシーへの抵抗がどのように節合されるのか、またどのような政治の類型が新自由主義に異議を申し立てるのか、それ次第である。

すべては、言説的なものと情動的なものの位置付け方にかかっている。なぜなら、これらが「ポピュリスト・モーメント」を特徴づける多様な民主的諸要求に意味を与えるからだ。ポスト政治的なコンセンサスに終止符を打つ対抗ヘゲモニーの実践には、政治的フロンティアの構築が不可欠である。左派ポピュリズム戦略にしたがえば、このフロンティアは、「人民」と「少数者支配」を対立させる「ポピュリズム的」な手法で構築される必要がある。この対立のなかで、「人民」は様々な民主的要求の節合から構成されるのだ。この「人民」を、経験的な参照項であるとか、社会学的カテゴリーによって理解してはならない。それは、異質な諸要求の「等価性の連鎖」によって生まれた言説的構築物なのである。これを統合しているのは、シティズンシップのラディカル・デモクラシー的な概念への同一化と、民主主義プロジェクトの実現を構造的に阻んでいる勢力、すなわち少数者支配に共同して対抗することへの同一化である。

私が強調したのは次のことだ。すなわち、左派ポピュリズム戦略がめざすのは「ポピュリズム体制」の確立ではなく、自由民主主義の枠組みにおいて、新しいヘゲモニー編成の確立に向けた政治的攻勢を仕掛けるための、一箇の集合的主体の構築にほかならない。この新しいヘゲモニー編成が、民主主義の再生と深化に向けた諸条件を創出するはずであるが、この過程は各国の国内的文脈によって様々なパターンを示すだろう。

私が提示しているのは、政治的フロンティアを構築するための一箇の個別的な戦略であり、これのみで機能するような十全十美の政治プログラムというわけではない。左派ポピュリズム戦略をとり入れた政党や社会運動は、様々な道筋を描くことだろう。それらのあいだには差異があるだろうし、左派ポピュリズムという名前で括られる必要もない。彼らが「左派ポピュリスト」として総称されるのは、分析レベルでのことである。

この左派ポピュリズム戦略は、一部の左派のセクターから非難されるかもしれない。彼らは政治を資本と労働の矛盾へと切り詰め、労働者階級を社会主義革命の原動力と捉え、これに存在論的な特権を賦与しつづけている。いうまでもなく、彼らからすると、左派ポピュリズム戦略は「ブルジョア・イデオロギー」への降伏と映るだろう。このような非難は、これまで私が反対してきた政治の概念に立脚したものであり、これ以上答えても無駄である。

しかし、耳を傾けるべき批判もなかにはある。その疑念とは、西欧では「ポピュリズム」という用語にかなり否定的な意味合いがこめられてきた点に鑑み、ある政治類型に対しポピュリズムという用語を使うことは適切であるのか、それは異なる名称であればもっと受け入れられるのではないか、というものだ。なぜポピュリズムと呼ぶのか？　そう名乗ることで何が得られるのか？　こうした疑念に対しては、まず、この否定的な響きがヨーロッパに特有のものであると指摘しておきたい。また、すでに示したように、この否定的なニュアンスは、ポスト政治的な現状を擁護する者たちの企みと呼応している。彼らは、新自由主義的なグローバル化に代わる代替案などないという主張に、異議を申し立てるすべての勢力を骨抜きにしようとしているのだ。このような軽蔑的なレッテルは、あらゆる運動を民主主義の脅威として描き出すことに貢献している。しかし、一八九一年に設立された米国の人民党がそうであったように、異なるコンテクストにおいて「ポピュリズム運動」は、前向きな仕方でみられてきた。マイケル・

カジンが『ポピュリズムの説得[1]』で説明していたように、米国の人民党は民主主義の強化をめざして進歩的な諸政策を擁護したのである。人民党は長くは続かなかったが、彼らの政策は自由主義者らによってとり入れられ、ニューディール政策に影響を与えた。

のちに、右派ポピュリズムの大きな潮流が現れたにもかかわらず、米国ではポピュリズムという用語の前向きな使用法がつねに残ってきた。このことは今日、バーニー・サンダースの政治が幅広く受け入れられていることからもわかるだろう。彼の戦略は明らかに左派ポピュリズムのそれである。

ポピュリズムが民主主義を強化するための政治戦略を与えてくれることがわかれば、現在の西欧の情況において、この用語を積極的に定義しなおすことがいかに重要であるかを理解できるようになる。これにより、新自由主義的秩序への対抗ヘゲモニーの政治形態を創出できるようになるのだ。ポスト・デモクラシー期において、民主主義の回復と根源化が検討課題として提起されるとき、ポピュリズムこそがこの情勢に適した政治的論理となる。なぜなら、それは、民主主義に必要不可欠な次元として、民衆（デモス）を強調するからである。人民と少数者支配のあいだに政治的フロンティアを構築する政治戦略と捉えれば、ポピュリズムは、民主主義をコンセンサスと同一視するポスト政治的な考え方に異議を申し立てるものとなる。さらに、ポピュリズムは、集合的意志の構築を民主的な諸要求の節合とみなすことで、集合的な政治的主体をもっぱら「階級」によって構想するのではなく、異質な闘争の多様性を考慮に入れる必要を認識しているのだ。

ポピュリズム戦略のもうひとつの重要な側面とは、同一化の政治形式において情動的次元が果たす役割と、共通の感情を動員する重要性を認めていることだ。これは通常、伝統的な左派政治が見落としてきたものである。これらすべての理由から、新しいヘゲモニー編成を確立する闘争において、「ポピュリズム」戦略が決定的に重要になるのである。

しかし、なぜそれを「左派」のポピュリズムと呼ぶのだろうか？　このことは、民主主義の根源化に向けたポピュリズム戦略の必要性を認めても、それを「左派」として規定することの有効性に疑問を抱く人々から問われる点である。彼らのなかには「民主主義的」ポピュリズムとか「進歩的」ポピュリズム、あるいは「人道主義的（ヒューマニスト）」ポピュリズムといった提起をする人たちもいるのだ。「左派」ポピュリズムが拒否されるのは、たいてい二つの理由からである。第一に、社会‐民主主義政党──しばしば彼らが「左派」であるとみなされてしまっているのだが──の新自由主義への転換にともなって、左派というシニフィアンが完全に信用を失くし、その進歩的な含みのすべてが失われたことである。ポピュリズム戦略の擁護者は、自分たちが「真の」左派であると訴えるタイプの人たちと一緒にされたくないという理由で、「左派」というラベルを捨て去ろうとしているのだ。「左派」がもってしまうこのような二つの意味〔新自由主義化した左派と「真の左派」を自称する人たち」と区別して、ポピュリズム戦略の独自性を強調したいと考える人々の懸念は私にもある。しかしながら、左派ポピュリズムと呼ぶことで、それを「左派」という用語の通常の理解から十分に区別できるはずだ。

「左派」という名辞を捨て去ろうとするもうひとつの理由は、それがポピュリズム戦略のもつ横断的性格に適していないからである。この立場によると、一般的に「左派」とは特定の社会－経済的セクターの利益を表したもので、ポピュリズム戦略によって集合的意志に包摂されるはずの諸要求を無視しているという。これは、より実質的な反論であるように思われる。じっさいに、社会学的視点から、左派という概念を特定の社会集団の利害代表として考えた場合、この概念は、異質な民主的諸要求の節合の結果として現れる「私たち」や「人民」を示すものとしては相応しくない。横断的な方法による「人民」の構築には、旧来の政治組織から独立した人民の多数派を形成するという目的がともなう。これこそが、じっさいのところ、ポピュリズムがつくる政治的フロンティアを伝統的な左派／右派のフロンティアから区別するものなのだ。

自分たちは「右でも左でもない」という、ポデモスのような運動の主張は、こうした意味において理解されるべきである。これは、政治的フロンティアのない政治を追求している――これは「第三の道」のやり方であろう――のではなく、異なった方法でフロンティアを構築することを意味している。問題は、こうした立場が党派的な仕方で「人民」を構築していることをはっきりさせていないために、その政治的方向性が曖昧になっていることにある。

　こうした政治的な不確定性を避けるためにこそ、私は、「左派」ポピュリズムについて語ることが重要であると信じているのだ。これはもうひとつの「左派」を指しており、価値論的な側面を重視し、平等と社会正義という、左派が守るべき価値観を表すものだ。この次元は、民主主義の根源化をめざすポピュリズム戦略の定式化を進めるにあたり、決定的なものとなる。「人民」が異なった仕方で構築されうるということ、そして、右派ポピュリスト政党もまた「人民」を構築していることが認識されたならば、際立って政治的な理由から、どのような種類の人民を構築しようとしているのかを明示することが不可欠になる。「左」と「右」というメタファーはもはや時代遅れであるとする主張もあるが、西欧社会ではいまだそれらが政治的言説において重要な象徴的標識となっている。そのため、これらのメタファーを放棄することは賢明なことではない。対立がもつ政治的な性格を取り戻し、左派の意味をもう一度示すことが必要なのだ。

　左派／右派の区別は、社会的亀裂（クリーヴィッジ）としても、フロンティアとしても可視化される。ポスト・デモクラシーの時代においては、左右の差異はたいてい「社会的亀裂」――これは、敵対性による構造化ではなく、単に立場の違いを示す分断のタイプである――によって捉えられている。

このように理解してしまうと、左派／右派の区別は民主主義の根源化のプロジェクトに適さない。フロンティアという観点から考えてはじめて、この差異が厳密に政治的な仕方で定式化される。フロンティアは、それぞれの立場のあいだに敵対性が存在することと、「中立的な立場」の不可能性を示すのだ。この「フロンティア効果（エフェクト）」は、「進歩的」あるいは「民主主義的」ポピュリズムという概念では伝えることが難しい。「左派」ポピュリズムこそが、ヘゲモニー戦略の定式化に欠かすことのできない、人民と少数者支配の敵対性をよりいっそう前景化させると信じている。

ポピュリスト・モーメントを、単にデモクラシーにとっての脅威としてみるのではなく、民主主義の根源化に向けたチャンスでもあると認識することが急務である。この機会を活かすためには、政治が本性上、党派性を帯びたものであり、「私たち」と「彼ら」のあいだには、フロンティアの構築が必要であると認めなければならない。民主主義の闘技的性格を回復することのみが、感情を動員し、民主主義の理想を深化させる集合的意志の創出を可能にするだろう。このプロジェクトは成功するだろうか？　もちろんここには何の保証もない。しかし、現在の情勢が生み出したこのチャンスを逃してしまうことは、深刻な過ちになるだろう。

付録

反‐本質主義的アプローチ

政治的なものの領域を描き出すには、二つの方法が存在する。〔まず〕協調主義的（アソシエイティヴ）な見解では、政治的なものを自由と共同行為の領域であると考える。もうひとつは分離主義的（ディソシエイティヴ）な見解であり、それは政治的なものを対立と敵対性の領域と捉えている。[1]私の省察は、分離主義的な見解に立つものであり、『民主主義の革命』で展開した理論的アプローチにもとづいている。それによると、政治的なものの問いに取り組むには二つの概念が鍵となる。すなわち、「敵対性」と「ヘゲモニー」である。[2]どちらの概念も根源的な否定性の次元が存在していることを示しており、敵対性の可能性がたえず存在することを表している。これが社会の十全な全体化を妨げ、分断と権力のない社会という可能性を締め出しているのだ。

社会は、一連のヘゲモニー的諸実践の産物であると考えることができる。ヘゲモニー的実践がめざしているのは、偶発性というコンテクストのなかに秩序を打ち立てることである。社会とは「沈殿化した（sedimented）」諸実践の領域である。沈殿化の実践は、偶発的に政治を制度化した原初の行為を覆い隠し、それによって、あたかもそれが自ずと根拠づけられたものであるかのようにみなされるのだ。あらゆる社会秩序は、ヘゲモニー的実践の一時的で不安定な節合物であり、それは偶発性のコンテクストに秩序を打ち立てることをめざすものだ。ヘゲモニー的実践は、所与の秩序を創出し、社会制度の意味を固定する節合実践にほかならない。

物事はつねに別様でもあったし、あらゆる秩序は、その他の可能性の排除にもとづいている。それはつねに、権力関係のある特殊な構成を表現したものであり、最終的な合理的土台を欠いている。自然秩序のようにみえるものも、決してそれをもたらした実践の外部に存在する、より深遠な客観性が表れたものではない。そのため、現行の秩序はすべて、対抗ヘゲモニー的な実践に曝されている。この対抗ヘゲモニーの実践が、現行の秩序を脱‐節合し、ヘゲモニーの新しい形式を打ち立てるのだ。

反‐本質主義的アプローチの二つ目の考えに移ろう。社会的行為者は「言説的位置」の組み合わせによって構成されており、この組み合わせを閉じられた差異のシステムのなかに固定することはできない。これは、多様な言説によって構築されており、そこにあるのは必然的な関係ではなく、重層的決定とずらし（ディスプレイスメント）の絶え間ない運動である。したがって、そのような多様で矛盾した主体の「アイデンティティ」は、つねに偶発的で不安定なものであり、複数の言説が交わるところで一時的に固定され、同一化の特定の形式に依拠したものである。

そのため、社会的行為者について、あたかも統合された同質的な実体を扱うように語ることはできない。むしろ一箇の複数性として、主体位置に左右されるものとして、社会的行為者にアプローチすべきなのだ。社会的行為者は様々な主体位置を通じて、様々な言説的編成のなかで構成されている。さらに、私たちは、主体位置を構築する複数の言説のあいだに、ア・プリオリで必然的な関係がないということも認識すべきである。しかしながら、複数性といっても、多様な主体位置が共存しているわけではなく、ある主体位置が別の主体位置をたえず転覆したり、重層的に決定したりしている。これが、ある領域の内部で、全体化効果が生じることを可能にする。この領域は、ひらかれつつも規定されたフロンティアによって特徴づけられるのだ。

したがって、次のような二重の運動が存在している。一方では、脱中心化の運動が、あらかじめ構成された点を中心にして、主体位置を固定することを妨げている。他方で、この本質的な非‐固定性の帰結として、反対方向の運動が存在している。すなわち、結節点を創設し、シニフィアンのもとにシニフィエの流れを引き止め、部分的に固定化しようとする運動である。しかし、非‐固定性／固定化といった弁証法が可能なのは、固定性があらかじめ与えられていないからであり、さらに、主体の同一化に先立って、主体の中心性が存在しないからである。だからこそ、私たちは主体の歴史を、同一化の歴史として捉える必要がある。同一化の背後に救済されるべき隠された同一性（アイデンティティ）など存在しないのである。

主体位置のあいだに、ア・プリオリで必然的な関係がないからといって、そこに歴史的で偶発的な、そしてまた可変的な結びつきを打ち立てようとする絶え間ない努力がないというわけではない。様々な主体位置のあいだの、偶発的であらかじめ予見できない結びつきは「節合（アーティキュレーション）」と呼ばれるものだ。たとえ、多様な主体位置のあいだに必然的な結びつきがないとしても、政治の領域にはつねに、様々な観点から節合を試みる言説が存在する。

以上の理由から、あらゆる主体位置は、本質的に不安定な言説構造のなかで構成されるものである。なぜなら主体位置は、たえずそれを転覆したり、変容させようとする多様な節合実践に委ねられているからである。したがって、別の主体位置との結びつきが確定的な仕方で保証された主体位置などないし、さらに、十全で永久的に獲得される社会的アイデンティティというものも存在しない。

民主主義の闘技的な構想

『民主主義の革命』以降、民主政治の新しいモデルを構想することが、私にとって重要な仕事となった。このモデルは、敵対性の抹消不可能性と、政治のヘゲモニー的な性質についての説明を可能にするものだ。[3] 私が取り組んだ問題とは次のようなものだ。すなわち、私たちが提示したヘゲモニー的アプローチの枠組みにおいて、民主主義をどのように描き出すべきだろうか？　民主的な秩序は、合理的に解決することのできない抗争の存在を、どのように承認し、対処することができるのか？　互いに相容れない複数のヘゲモニー・プロジェクトの対立を中心に据えることで、民主主義をどのように捉えられるのか？

これらの問いに対する私の解答こそ、民主主義の闘技モデルである。私はこれを、複数のヘゲモニー・プロジェクトが民主的に対抗する可能性を可視化するための、分析的な枠組みを提供するものと理解している。私の議論を簡潔に言えば、次のとおりである。

「政治的なもの」の次元を認めるならば、多元主義的な自由民主主義にとっての大きな挑戦のひとつは、人間関係における潜在的な敵対性を取り除くことであることがわかる。敵対関係を取り除くことで、人間の共存が可能になると考えるからだ。〔しかし〕じつのところ、根本的な問題は、いかにして排除なしにコンセンサスに到達できるかということではない。というのも、これは、「私たち」の構築を求めるにもかかわらず、それに付随して生じる「彼ら」の存在を視野に入れていないからだ。これが不可能であるのは、「私たち」の構成条件が「彼ら」との区別であるほかないからである。

したがって、自由民主主義における決定的な問題は、多元主義の承認と両立するような仕方で、いかにして政治にとって構成的な「私たち／彼ら」という区別を打ち立てるかということである。重要なことは、抗争が生じたとして、それが「敵対性（アンタゴニズム）」（敵同士の闘争）ではなく、「闘技（アゴニズム）」（対抗者同士の闘争）という形式をとることである。闘技的な対抗関係は敵対的なそれとは異なる。それはコンセンサスを可能にするからではなく、相手を破壊すべき敵ではなく、対抗者として、その存在を正統なものと捉えているからだ。対抗者の考えとは厳しい態度で戦うが、相手がその考えを擁護する権利は決して疑義に曝されてはならない。とはいえ、敵というカテゴリーが消えるわけではない。このカテゴリーは、抗争を含んだ合意（conflictual consensus）を拒絶し、闘技的な闘争を形成できない人たちについては、なおも適切であろう。この合意こそ、多元主義的なデモクラシーの基礎を構成しているのだから。

　それゆえ、多元主義の限界は、民主主義にとって避けることのできない決定的に重要な問題である。社会的分断の構成的な性格と、最終的な調停の不可能性を肯定することで、闘技的な構想は民主政治の党派的性格の必然性を認めている。友敵のモード——これは内戦をもたらしかねない——ではなく、対抗者という視点からこの対立を描き出すことによって、対立は民主的な制度内部で生じるのである。

　ほとんどの自由民主主義の理論家たちは、多元主義について不十分な見解しかもっておらず、そのために、彼らはこうした必然的な対立関係を避けようとする。私たちが生きる世界には、複数の見方や価値観があり、経験的な理由から言って、そのすべてを採用することができないことを認めながらも、自由民主主義の理論家たちは、これらの見方や価値観を一緒くたにすれば、調和的で、抗争のない組み合わせができると考えている。そのため、このような考え方では、多元主義に必然的に含まれる抗争的な性質を説明することができない。この抗争的性質は、すべての観点を調停することの不可能性に起因しているのだ。したがって、自由民主主義の理論家たちの考え方では、敵対的な次元における政治的なものを否定することになる。

闘技的な闘争においては、それが構築するヘゲモニーと社会秩序を構造化している、権力関係の配置が問題となっている。互いに抗争するヘゲモニー・プロジェクトの対立は、合理的に調停できないものだ。それゆえ、敵対的な次元はつねに存在している。しかしその対立は、その手続きが対抗者によって受け入れられている、そのような対立である。自由主義モデルとはちがい、闘技的な構想は、次のような事実を考慮に入れている。すなわち、すべての社会秩序は政治的に創設されており、覇権的(ヘゲモニック)な介入が生じるのは、決して中立的な場においてではない、ということだ。というのも、覇権的な介入が生じる場はつねに、それ以前のヘゲモニー的諸実践の産物であるからだ。闘技的な構想は、公的領域を戦場とみなしている。そこでは複数のヘゲモニー・プロジェクトが対立しており、最終的な調停の可能性は存在しない。

民主的な秩序を打ち立てるために、敵対性の抹消不可能性を否定する必要はないというのは、多くの民主主義の理論家たちが信じてきたものとはまったく反対のことである。しかし、敵対性（友／敵関係）と闘技（対抗者同士の関係）の区別によって、その理由を理解することができるだろう。

私が主張しているのは、闘技的な対立が民主主義に対する脅威ではなく、現実には民主主義の存在の条件そのものであるということだ。いうまでもなく、民主主義はある種のコンセンサスの形式がなければ生き延びることはできない。このコンセンサスは、民主主義の正統性の諸原理を構成する倫理－政治的な価値観への忠誠、およびそれらの諸原理が書き込まれる諸制度への忠誠にかかわっている。しかし、それは同時に、抗争の闘技的な表現を可能にしており、この闘技的な表現は、市民が新しい選択肢から選択する可能性を真に手にすることを要求しているのだ。うまく機能する民主主義は、民主的な政治的立場の対立を求めるものだ。これが見失われてしまうと、民主的な対立が、交渉では解決できない道徳的価値観のあいだの対立、もしくは同一化の本質主義的な形態のあいだの対立に置き換わる危険性がつねに存在することになるだろう。

謝辞

私が左派ポピュリズムの概念を構想するにあたって、イニゴ・エレホン、ジャン＝リュック・メランション、フランソワ・ルッファン、そしてヤニス・スタヴラカキスとの公での討論や私的な会話はとても有益なものであった。彼らは様々な角度から私の議論を発展させてくれた。また、ポーリン・コロナ・ディストラ、レティシア・サブセイ、ジェームス・シュナイダー、そしてクリストフ・ベントゥラによる示唆に富んだ提起や助言に感謝する。最後に、二〇一七年の春、本書の草稿の大半を執筆した数ヵ月のあいだ、たいへん刺激的かつ心地よい環境を与えてくれたウィーン人間科学研究所（ＩＷＭ）に感謝を申し上げたい。

原注

1　ポピュリスト・モーメント

1　Ernesto Laclau, *On Populist Reason* (New York and London: Verso, 2005). ＝『ポピュリズムの理性』澤里岳史、河村一郎訳、明石書店、二〇一八年。

2　Colin Crouch, *Post-Democracy* (Cambridge, UK: Polity, 2004), p. 104. ＝『ポスト・デモクラシー――格差拡大の政策を生む政治構造』山口二郎監修、近藤隆文訳、青灯社、二〇〇七年、一五七頁。

3　Jacques Rancière, *Disagreement: Politics and Philosophy*, trans. Julie Rose (Minneapolis: University of Minnesota Press, 1999), p. 102. ＝『不和あるいは了解なき了解――政治の哲学は可能か』松葉祥一、大森秀臣、藤江成夫訳、インスクリプト、二〇〇五年、一七〇頁。

4　C. B. Macpherson, *The Life and Times of Liberal Democracy* (Oxford: Oxford University Press, 1977). ＝『自由民主主義は生き残れるか』田口富久治訳、岩波新書、一九七八年。

5　Chantal Mouffe, *The Democratic Paradox* (New York and London: Verso, 2000). ＝『民主主義の逆説』葛西弘隆訳、以文社、二〇〇六年。

6　Chantal Mouffe, *On the Political* (Abingdon, UK: Routledge, 2005). ＝『政治的なものについて――闘技的民主主義と多元主義的グローバル秩序の構築』酒井隆史監訳、篠原雅武訳、明石書店、二〇〇八年。

7　Chantal Mouffe, 'The "End of Politics" and the Challenge of Right-Wing Populism', in *Populism and the*

Mirror of Democracy, ed. Francisco Panizza (New York and London: Verso, 2005), pp. 50-70. ＝「「民主主義の終り」と右翼ポピュリズムの挑戦」木下ちがや訳『現代思想』青土社、二〇一二年五月号、九〇－一〇六頁。この論考において、私はイェルク・ハイダーのもとでのオーストリア自由党の発展について分析した。

2　サッチャリズムの教訓

1　Wolfgang Streeck, 'The Crises of Democratic Capitalism', *New Left Review* 71 (September/October 2011), p. 10.

2　Samuel Huntington, 'The Democratic Distemper', in *The American Commonwealth*, ed. Nathan Glazer and Irving Kristol (New York: Basic Books, 1976), p. 37.

3　Ernesto Laclau and Chantal Mouffe, *Hegemony and Socialist Strategy: Towards a Radical Democratic Politics*, paperback edition (New York and London: Verso, 2014), p. 152. ＝『民主主義の革命――ヘゲモニーとポスト・マルクス主義』西永亮、千葉眞訳、ちくま学芸文庫、二〇一二年、三六七頁。

4　Stuart Hall, 'Learning from Thatcherism', in *The Hard Road to Renewal* (New York and London: Verso, 1988), p. 271. 'Learning from Thatcherism' は同書の結論のタイトルである。

5　Friedrich Hayek, *The Constitution of Liberty* (Chicago: University of Chicago Press, 1960), p. 11. ＝『〈新版ハイエク全集第Ⅰ期第5巻〉自由の条件Ⅰ――自由の価値』気賀健三、古賀勝次郎訳、春秋社、二〇〇七年、二一一頁。

6　Friedrich Hayek, *The Road to Serfdom* (London: Routledge, 1944), p. 52. ＝『〈新装版 ハイエク全集別巻〉隷属への道』西山千明訳、春秋社、二〇〇八年、八八頁。

7 Stuart Hall, 'The Neoliberal Revolution', in *The Neoliberal Crisis*, ed. Sally Davison and Katharine Harris (London: Lawrence & Wishart, 2015), p. 25.

8 Luc Boltanski and Eve Chiapello, *The New Spirit of Capitalism* (London and New York: Verso, 2005). ＝『資本主義の新たな精神 上／下』三浦直希ほか訳、ナカニシヤ出版、二〇一三年。

9 Chantal Mouffe, *Agonistics: Thinking the World Politically* (London and New York: Verso, 2013).

10 Stuart Hall, 'Learning from Thatcherism', in *The Hard Road to Renewal* (New York and London: Verso, 1988), p. 271. 'Learning from Thatcherism' は同書の結論のタイトルである。

3 民主主義を根源化すること

1 Antonio Gramsci, *Prison Notebooks* (London: Lawrence & Wishart, 1971), p. 330-331. ＝『グラムシ選集1』代久二編、竹内良知ほか訳、合同出版、一九六一年、二四五頁。

2 Claude Lefort, *Democracy and Political Theory*, trans. David Macey (Cambridge, UK: Polity Press, 1988), chapter 1.

3 Alexis de Tocqueville, *De la démocratie en Amérique*, vol. 1(Paris: Frammarion, 1981), p. 115. ＝『アメリカのデモクラシー 第一巻（上）』松本礼二訳、岩波文庫、二〇〇五年、八七頁。

4 David Harvey, *A Brief History of Neoliberalism* (New York: Oxford University Press, 2005), p. 205. ＝『新自由主義——その歴史的展開と現在』渡辺治監訳、作品社、二〇〇七年、二八二頁。

5 たとえば以下の著作を参照せよ。Norberto Bobbio, *The Future of Democracy: A Defence of the Rules of the Game*, trans. Roger Griffin (London: Polity Press, 1987) and *Which Socialism?: Marxism, Socialism and*

Democracy, trans. Roger Griffin (London: Polity Press, 1987).

6 Chantal Mouffe, *Agonistics: Thinking the World Politically* (London and New York: Verso, 2013), chapter 6.

7 Michael Hardt and Antonio Negri, *Assembly* (New York: Oxford University Press, 2017), p. 288.

8 Ibid., p. xv.

9 Ibid., p. 23.

10 たとえば、以下を参照せよ。David Van Reybrouck, *Against Elections: The Case for Democracy*, trans. Liz Waters (London: Vintage, 2016).

4　人民の構築

1 David Harvey, *A Brief History of Neoliberalism* (New York: Oxford University Press, 2005), p. 178. ＝『新自由主義 ―― その歴史的展開と現在』渡辺治監訳、作品社、二〇〇七年、二四四‐二四五頁。

2 Ernesto Laclau, ‘Populism: What’s in a Name?’, in *Populism and the Mirror of Democracy*, ed. Francisco Panizza (New York and London: Verso, 2005), p. 37.

3 Chantal Mouffe, *The Return of the Political* (New York and London: Verso, 1993), chapter 4. ＝『政治的なるものの再興』千葉眞ほか訳、日本経済評論社、一九九八年、第四章。

4 Sigmund Freud, *Group Psychology and the Analysis of the Ego*, in *The Standard Edition of the Complete Psychological Works of Sigmund Freud*, vol. XVIII (London: Vintage, 2001), p. 92. ＝『〈フロイト著作集6〉自我論・不安本能論』井村恒郎、小此木啓吾ほか訳、人文書院、一九七〇年、二一三頁。

5 Benedictus de Spinoza, *Ethics*, trans. Edwin Curley (New York: Penguin, 1994), part 3. ＝『エチカ ―― 倫理

学（上）』畠中尚志訳、岩波文庫、一九五一年、第三部。

6 Yannis Stavrakakis, 'Hegemony or Post-hegemony? Discourse, Representation and the Revenge(s) of the Real', in *Radical Democracy and Collective Movements Today: The Biopolitics of the Multitude Versus the Hegemony of the People*, ed. Alexandros Kioupkiolis and Giorgos Katsambekis (New York: Ashgate, 2014).

7 Ernesto Laclau, 'Glimpsing the Future: A Reply', in *Laclau: A Critical Reader*, ed. Simon Critchley and Oliver Marchart (New York: Routledge, 2004), p. 326.

8 Frédéric Lordon, *Les Affects de la politique* (Paris: Seuil, 2016), p. 57.

9 Ludwig Wittgenstein, *Culture and Value*, trans. Peter Winch (Chicago: University of Chicago Press, 1984), p. 64. ＝『反哲学的断章』丘沢静也訳、青土社、一九八八年、一七一頁。

10 Chantal Mouffe, *Agonistics: Thinking the World Politically* (London and New York: Verso, 2013), chapter 5.

結論

1 Michael Kazin, *The Populist Persuasion: An American History* (New York: Basic Books, 1995).

付録

1 このような協調主義的見解と分離主義的見解との区別はオリバー・マーヒャルトによって提示されている。Oliver Marchart in *Post-Foundational Political Thought: Political Difference in Nancy, Lefort, Badiou and Laclau* (Edinburgh: Edinburgh University Press, 2007), pp. 38-44.

2 Ernesto Laclau and Chantal Mouffe, *Hegemony and Socialist Strategy: Towards a Radical Democratic Politics*,

paperback edition (New York and London: Verso, 2014). ＝『民主主義の革命――ヘゲモニーとポスト・マルクス主義』西永亮、千葉眞訳、ちくま学芸文庫、二〇一二年。

3　私は次のような著作において、この敵対性の概念を発展させてきた。*The Return of the Political* (New York and London: Verso, 1993, rev. ed. 2005). ＝『政治的なるものの再興』千葉眞ほか訳、日本経済評論社、一九九八年、*The Democratic Paradox* (New York and London: Verso, 2000, rev. ed. 2009). ＝『民主主義の逆説』葛西弘隆訳、以文社、二〇〇六年、*On the Political* (Abingdon, UK: Routledge, 2005). ＝『政治的なものについて』酒井隆史監訳、篠原雅武訳、明石書店、二〇〇八年、*Agonistics: Thinking the World Politically* (New York and London: Verso, 2013).

訳注

訳注1　「マキャヴェッリは最初の状況の理論家であり、状況という概念を意識的に考えたのではなかったとしても、また、状況という概念を抽象的かつ体系的な反省の対象にしなかったとしても、少なくとも、絶えず、執拗かつ非常に深いやり方で、状況のなかで考えた最初の思考者である。つまり、状況について、不確定な特異ケースという概念をもち、その概念のなかで考えた最初の思考者である」。ルイ・アルチュセール『哲学・政治著作集Ⅱ』市田良彦ほか訳、藤原書店、一九九九年、六八一頁。

訳注2　所有的個人主義については、以下のものを参照。C. B. Macpherson, *The Political Theory of Possessive Individualism: Hobbes to Locke*, (Oxford: Clarendon Press, 1962). ＝『所有的個人主義の政治理論』藤野渉ほか訳、合同出版、一九八〇年。

訳注3　二〇一八年六月一日より、国民連合（Rassemblement National）に党名を変更している。

訳注4　二〇〇八年以降の金融危機を契機として、世界各地で生起した抗議運動の多くは、都市の広場を占拠するという抗議スタイルを展開したことから「広場の運動」と呼ばれる。本書では、特に西欧諸国に焦点があてられているが、「広場の運動」はアラブの春におけるエジプトのタハリール広場の占拠や、米国のオキュパイ運動などを含むグローバルな現象といえる。

訳注5　市場において人々は自由に判断し、自分にとって最適な選択をする、という新自由主義の考え

方にもとづく指針。これまで国家が担ってきた公的部門の民営化にさいして、この「選択の自由」は民衆の同意をとりつけるのに有効に機能した。

訳注6　Luc Boltanski and Eve Chiapello, *The New Spirit of Capitalism* (London and New York: Verso, 2005). ＝『資本主義の新たな精神 上／下』三浦直希ほか訳、ナカニシヤ出版、二〇一三年、第七章を参照。

訳注7　Chantal Mouffe, *Agonistics: Thinking the World Politically* (London and New York: Verso, 2013), p. 73.

訳注8　労働党、とりわけジェレミー・コービン体制を支援する政治運動。もともとは、二〇一五年の労働党党首選において、コービンを支持する若い世代を中心に草の根の運動として始まった。二〇一七年総選挙時には、SNS上での選挙キャンペーンをはじめ、戸別訪問などの地道な活動でも大きな役割を果たし、労働党の党勢回復の原動力とされている。ただし、保守的な労働党執行部とはしばしば緊張関係にもある。

訳注9　Benedictus de Spinoza, *Ethics*, trans. Edwin Curley (New York: Penguin, 1994), part 3. ＝『エチカ――倫理学（下）』畠中尚志訳、岩波文庫、一九五一年、一九頁。

訳者解題

塩田潤・山本圭

1　著者紹介

本書はChantal Mouffe, *For a Left Populism* (Verso, 2018) の全訳である。著者のシャンタル・ムフはベルギー出身の政治理論家であり、現在は英国・ウェストミンスター大学の教授である。これまで日本語で刊行された著作としては、『政治的なるものの再興』(千葉眞、土井美徳、田中智彦、山田竜作訳、日本経済評論社)、『民主主義の逆説』(葛西弘隆訳、以文社)、『政治的なものについて』(酒井隆史監訳、篠原雅武訳、明石書店) があり、ほかにも『闘技学 (*Agonistics*) (未邦訳)』(Verso, 2013) や、エルネスト・ラクラウとの共著『民主主義の革命』(西永亮、千葉眞訳、ちくま学芸文庫)、そしてスペインのポデモスの中心メンバーであるイニゴ・エレホンとの共著

『ポデモス（*Podemos*）〔未邦訳〕』（Soundings, 2016）など、精力的に著作を発表している。本解題では、ムフの政治理論および民主主義論を簡潔に紹介しつつ、本書『左派ポピュリズムのために』の意義を考察することとしたい。

2　ムフの闘技民主主義――コンセンサス政治に抗して

一九八五年に出版されたエルネスト・ラクラウとの共著『民主主義の革命（*Hegemony and Socialist Strategy*）』は、彼女の仕事のなかでもっとも読まれているものといってよい。当時の背景としては、戦後の社会‐民主主義コンセンサスの凋落と、新しいヘゲモニー編成としての新自由主義の台頭、そして一九六〇年代以降に巻き起こる「新しい社会運動」があった。そのような情況にあって、ポスト構造主義とマルクス主義を結びつけた彼らの理論的アプローチ、およびそこから導かれたラディカル・デモクラシーという政治的立場は、左派の政治戦略に真っ向から再考を迫るものであった。

彼女らのアプローチの中心をなすのは、やはり敵対性とヘゲモニーであろう。まず、ラクラウ＝ムフは、社会を言説的な構築物であるとしたうえで、そこにはつねに最終的な和解や合意を挫く敵対性が存在すると前提する。そのため、いかなる社会秩序も安定的に閉じたものではありえず、つねに既存の秩序を転覆し、新しいヘゲモニー編成の確立をめざす対抗的な契機を含んでいる。

しかし、敵対性は同時に、「私たち」という集合的アイデンティティを形成するための条件でもあることに注意しよう。なぜなら、敵である「彼ら」との境界線（フロンティア）を画定することではじめて、多種多様な人々を一箇の勢力としてまとめあげ、等価性の連鎖を構築できるからだ。こうして『民主主義の革命』では、結節点を中心に、多様な諸要求を節合するヘゲモニー戦略が提示される。ヘゲモニー戦略を通じた「根源的で複数主義的なデモクラシー」の構想こそ、瓦解寸前の左派政治を立てなおし、新自由主義に対抗するための左派のプロジェクトとされたのである。

さて、九〇年代以降のムフは現代政治哲学の論争に介入し、なかでも熟議民主主義の理性中心主義とコンセンサス主義に論争を挑むことになる。熟議民主主義に対抗するモデルとして、提示されるのが「闘技民主主義（agonistic democracy）」である。この理論においても、対立と不和、つまりは「敵対性」の次元にスポットライトがあてられる。民主主義の本性は、合意を前提としたコミュニケーションではなく、私たち／彼らの境界線をどこに、そしてどのように引くのかという終わりなき抗争のうちにある、ムフはそう唱えた。

しかし、民主政治において、暴力をも辞さないような、むき出しの敵対性をそのまま肯定することは難しい。そこでムフは、敵を「対抗者」として、敵対性を「闘技」に転換することを提案している。ここで「対抗者」とは、破壊の対象としての「敵」でも、あるいは「競争者」という自由主義的観念とも区別されるものだ。つまり、「対抗者」は正統性をもった敵であり、自由民主主義の基本的理念を承認している。そこでは、対立のすえに一定のコンセンサスが形成されるとしても、それは「ある暫定的なヘゲモニーの一時的な帰結」、いわば「抗争を含んだ合意」であり、たえず新しい抗争にひらかれた不安定なコンセンサスに過ぎない。民主主義の闘技モデルにとって重要なことは、敵対性なき社会というユートピアを放棄し、対立と権力関係の抹消が不可能であると認識すること、そのうえで民主主義をコンセンサス形成としてではなく、共通のルールを遵守する対等な対抗者同士での闘技として捉えることなのである。

3　欧州における左派ポピュリズム勢力の展開
――反緊縮運動から左派ポピュリズムへ

さて、本書『左派ポピュリズムのために』もまた、これまでのムフの理論と基本的には地続きにある。とはいえ、論調はあきらかに「闘技民主主義」から「左派ポピュリズム」へと移行している。これは、闘技モデルのプロジェクトが、このかんの新自由主義の亢進を受け、後退を余儀なくされたことを示している。したがって、これは厳密に理論的な変化というよりも、情況に合わせた戦略の変化であると考えるべきだろう。まずは、ズタズタになった民主主義を再生することが先決であり、闘技モデルは現実の課題から未来の目標へと先延べされた。

まずは、このかんの政治情況を振り返っておこう。ムフの診断によれば、昨今の政治情況は、新自由主義的ヘゲモニーが危機に陥ったことで、「ポピュリスト・モーメント」と呼ばれる時代に突入したという。つまり、新自由主義がもたらした「ポスト政治」的状況が行くところまで行き、今度はその政治的空白を埋めるかのように、いたるところでポピュリズムが跋扈しているというわけだ。

通常、私たちが「ポピュリズム」と聞いてまっさきに想起するのは、排外主義を標榜するいわゆる「右派ポピュリズム」のことだろう。確かに、欧州やそれ以外の地域においても、移民やマイノリティを非難することで求心力を高めようとする勢力が存在感を高めているのは事実であり、そのこと自体予断を許さない状況であることは間違いない。

同時に、とりわけ世界的な金融危機以降、欧州でも「解放志向」の左派ポピュリズム勢力が台頭している[1]。本書でとり上げられているポデモスやシリザ、コービン労働党、あるいはメランション率いる不服従のフランスがそれである。しかし、これらの左派ポピュリズム勢力は、ある日突然、何もないところから現れたのではない。左派ポピュリズムの台頭を理解するためには、制度外における社会運動への視点を欠かすことはできない。金融危機後に欧州各国で巻き起こった反緊縮運動こそ、彼らを政治の中心へと押し上げる足場を準備したのだ。

金融危機が欧州諸国を襲ったとき、ほとんどすべての政府は対応策として緊縮政策を実施した。すなわち、破綻の危機にある銀行に対しては公的資金投入による救済をはかる一方で、教育、社会福祉、保健、住宅といった社会部門への財政支出を大幅に削減したのである。[2] 各国政府のこうした対応は、当然、議会に対する著しい信頼低下と代表制民主主義への不信を招くこととなった。[3] この社会経済的危機と政治的危機から、各国で反緊縮運動が次々と生起したのである。パオロ・ジョルバウドによれば、これらの反緊縮運動は制度内へと介入し、よりプラグマティックに政治体制の改革を行おうとする傾向が強い。[4] 一般に、社会運動は制度外の動きとして捉えられ、特に政治体制の変革を求めるような運動は概して反制度的な傾向をもつとされてきた。しかし、金融危機以降の反緊縮運動は、制度に対する積極的な関与を志向するものが多く、制度内と制度外の連携に特徴があるといえよう。

金融危機とその後の緊縮政策は、市民の意志が資本の力で歪められるか、あるいは端的に無視されていることを示した。制度外と制度内の接続が重要であるのは、これにより、機能不全を起こした政治制度に対し外部から批判的介入を行い、より民主的で公正な政治秩序の創造を可能にするからである。じっさい、近年の左派ポピュリズム政党の内部では、多かれ少なかれ、運動の活動家や参加者が中心的な役割を果たしている。たとえば、コービン労働党の原動力でもあるモメンタムには、オキュパイ運動やUK uncut（ユーケーアンカット）の若手活動家たちが多く参加しているし、ポデモスにおいても一部の中心メンバーが15M運動にかかわっていた。[5]さらに、左派ポピュリズムが用いる「人民」対「少数者支配（オリガーキー）」という枠組みもまた、これらの反緊縮運動のなかで練り上げられてきたものである。[6]左派ポピュリズムは、路上や広場での抗議行動にそのルーツの多くをもつだけでなく、そこで培われた経験や知恵、コミュニケーション技術、そして「真の民主主義」のエートスによって支えられているのだ。

　こうした観点からみれば、今日の左派ポピュリズムを次のように捉えなおすことができるだろう。すなわち、左派ポピュリズムとは、新自由主義的なヘゲモニー編成のなかで、制度からこぼれ落ち、あるいは資本によるむき出しの暴力によって傷つけられた人々――いまや社会の圧倒的多数があてはまるだろう――が、制度外の闘争から制度内へと政治的介入を行う戦略なのだ。この介入がめざすのは、権力の掌握ではない。そうではなく、国家の政治的、社会‐経済的役割の回復と深化、そしてそれらを実現するための民主的な国家運営こそが重要なのだ。シリザやポデモス、コービン労働党によるいくつかの成功は、この戦略が少なくとも現在の西欧諸国において有効であることを示すものだろう。

　ただし、次のこともつけ加えておきたい。本書においてムフが指摘するように、「議会という伝統的な政治空間は、政治的決定が行われる唯一の空間ではない」（本書九四頁）。だとすると、左派ポピュリズム戦略のみが、唯一の打開策ということではないだろう。たとえば、欧州のなかでも、いち早く危機に直面したアイスランドでは、危機後の抗議運動が当時の政権を退陣に追い込むのみならず、「政治システムの根本的な転換」をめざして、市民参加型の憲法草案作成が試みられた。[7]運動がもつ資源や政治的文脈、社会運動の文化などによって、あるいは現行制度のなかでどれだけの政治参加が認められているかによっても、批判的介入のための様々な戦略と軌道が存在するだろう。だが、いずれにしても重要なのは、民主主義の回復と根源化をめざして既存の政治制度に「関与（エンゲージメント）」することなのである。

本書でも繰り返し強調されているように、左派ポピュリズムは、自由民主主義を放棄するものではなく、むしろ自由民主主義的な討議（闘技）空間の回復に寄与するものだ。現状をみても、左派ポピュリズム戦略は欧州の左派政党そのものを回復させている（あるいは首の皮一枚でつないでいると言った方がよいだろうか……）。スペインとギリシャでは一九七〇年代に独裁体制が終わり、それ以降、左‐右の二大政党制が長らく続いてきた。一九九〇年代以降、両国の中道左派政党は新自由主義に転向し、金融危機後には緊縮政策を進めた結果、両国の政党政治に左派の空白が生じることになった。ここに飛び込んだのがポデモスとシリザである。政治的文脈は異なるにせよ、左派による新自由主義の受容とその後の低落という傾向は、イギリスやフランスにもあてはまるものだろう。そうであれば、今日の欧州において、左派の瓦解をなんとか食い止めているのは、左派ポピュリズムの存在ではないだろうか？

4 『左派ポピュリズムのために』について

本書が介入するのは以上のような政治的情況である。二〇一八年に翻訳が刊行されたエルネスト・ラクラウの『ポピュリズムの理性』（澤里岳史、河村一郎訳、明石書店、二〇一八年）が理論篇であるとすれば、本書『左派ポピュリズムのために』はその実践篇といってよい。本書は、専門の政治学者や社会科学者に向けた学術書というより、より幅広い一般読者を想定して書かれている。そのためか、彼女は自身の党派性を隠そうともしていない。「状況のなか」に身をおいて思考する、そのマキャヴェッリ仕草は、まさに強い危機感によって突き動かされたものだろう。

すでに述べたように、『民主主義の革命』からおよそ三五年を経て、ラディカル・デモクラシーは後退を強いられており、拡大の一途をたどる経済格差は、いまや政治的影響力の格差に直結している。[8]「少数者支配」と本書で呼ばれるこの情況の背景には、新自由主義的なヘゲモニーの時代における、自由主義、とりわけ経済リベラリズムの中心化と民主主義の空洞化がある。それゆえ、まずもってなされなければならないのは、自由主義と民主主義の「闘技的な緊張関係」を取り戻し、自由民主主義を立てなおすことである。具体的には、ウォルフガング・シュトレークのいう「社会的公平性」、つまり「健康、社会的安心、地域共同体への関与、雇用保護、労働組合の結成等々についての市民権や人権」といった「経済的実績や活動能力とは無関係に生活維持のための最低基準の要求を認める」原則を再度打ち立てなければならないのだ。[9] そして、この民主主義のもつ平等原理の回復と深化をめざすところに、左派ポピュリズムの左派たる所以がある。

この点と関連して、ムフが国民国家を重視していることにも目を向けておきたい。もちろん彼女はグローバルな民主主義や連帯の可能性を否定しているわけではない。強調されるべきは、国民国家がいまだ私たちの生活の少なくない部分を担っているという事実であり、それへの考慮なしには、グローバルな民主主義への道筋さえ描けないということなのだ。ナショナリズムは、いまや右派の専売特許のようにみられている。しかし近年、左派ポピュリズム勢力もまたナショナリズムを強調し始めている。たとえば、ポデモスは「スペイン」への愛や誇りを強調し、「祖国」という語を中心的なシニフィアンとして使っている。[10] とはいえそれは、右派ポピュリズムが描くような排外的で閉鎖的なものではない。左派ポピュリズムが試みるのは、「市民的で、民主的な国家という考え方をつくりなおし、支え合いと包摂、信頼のできる諸機関と民主主義の保護」[11]をめざす「パトリオティックな同一化」（本書九七頁）なのである。ナショナリズムの安易な肯定には慎重でなければならないものの、ムフも述べているように、右派ポピュリズムの排外主義に巻き込まれてしまった人々を揶揄するだけでは、左派は新しいヘゲモニー編成を確立することはできないということだろう。本書で挙げられていた不服従のフランスの選挙キャンペーンは、地域に根差して暮らす人々のおかれた状況を理解し、右派ポピュリズムとは異なる社会の認識枠組みを提示することの必要性を端的に示している。

もちろん、本書でムフ自身も述べているように、左派ポピュリズム戦略は「十全十美」などではない。じっさい、一定の成功を収めた左派ポピュリズムも、多くの困難に見舞われている。シリザ政権の行き詰まりは、EUという国際的な政治経済の枠組みを前にして、一国内の権力奪取では状況を打開するのに限界があることを目に見える形で明らかにしたし、ポデモスの低迷にみられるのは、党内における指導部への権力集中が引き起こす党内不和と「具体的状況を思考する能力」の低下であるという。[12]ただし、これらが左派ポピュリズムに固有の問題かというと、そうではない。前者はEU内の政治経済力の格差に起因する国際関係の問題であり、後者は政党と社会運動の組織構造の齟齬として捉えられる。左派ポピュリズムとはあくまでも瞬間的（モーメンタリー）な介入であり、その後どのように政治を運営するのかということとは別個に考えられる必要がある。

こうした困難を前にして、左派ポピュリズム勢力に求められているのは、制度外からの批判的視点をとり込み、つねに自己変革する主体としてあることだろう。それは、「ラディカルな改革主義」の萌芽として位置付けられる諸運動が、制度内への介入にあたって果たした役割をみれば明らかである。この点において、シリザ政権の元財務大臣であったヤニス・ヴァロファキスらを中心として組織された「DiEM 25（Democracy in Europe Movement 2025）」や、ポデモス、不服従のフランス、そしてポルトガルの左翼ブロックを中心とする、二〇一九年欧州議会選挙に向けた選挙連合の動きは注目に値する。戦後より確立されてきた欧州の民主主義が、いま瀬戸際にあることは間違いないが、そのなかから新たな民主主義の試みが次々と沸き上がっている。ここにささやかな希望を見出してもよいだろう。

5　翻訳について

本書の翻訳は、序論、第一章、第二章、結論を塩田が、第三章、第四章、付録を山本が担当し、下訳を作成した。そのあと、訳文を何度か往復し、最終稿を完成させた。毎度のことだが、こんかいも訳文の完成にあたっては多くの方にお世話になっている。とりわけ、千葉大学・大学院博士後期課程の星川竜之介さんには、スピノザの専門用語について、細かな質問に丁寧にお答えいただいた。記して感謝したい。むろん、翻訳の責任は訳者らにあることはいうまでもない。

また、本書の時局的性格に鑑み、なかなかに強行な作業スピードが求められた。明石書店の武居満彦さんには、版権の取得から刊行まで、無理なスケジュールをお願いしたかと思うが、訳文について、最後まできめ細かいアドバイスをいただいた。心より御礼申し上げる。

1　たとえば水島治郎は、欧州におけるポピュリズムを「排除志向」とする一方で、南米におけるポピュリズムを社会改革や経済資源の分配を訴える「解放志向」のポピュリズムと位置付けている（水島治郎『ポピュリズムとは何か』中公新書、二〇一六年）。

2　たとえば、ギリシャでは緊縮財政による保健医療分野への支出削減によって、ＨＩＶ／ＡＩＤＳ患者、精神疾患者、自殺者の割合が劇的に増加したという（Alexander Kentikeleniset al, 'Greece's health crisis: from austerity to denialism', *Lancet* 383 (2014), pp. 748-753.）。

3　Klaus Armingeon and Kai Guthmann,'Democracy in crisis? The declining support for national democracy in European countries, 2007-2011', *European Journal of Political Research* 53 (2014), pp. 423-442.

4　Paolo Gerbaudo, 'The indignant citizen: anti-austerity movements in southern Europe and anti-oligarchic reclaiming of citizenship', *Social Movement Studies* 16 (2017), pp. 36-50.

5 Ewen McAskill, 'At home with Momentum: the rise of 'Corbyn's shock troops'', *The Guardian* (8th March, 2016).

6 Daniela Chironi and Raffaella Fittipaldi, 'Social movements and new forms of political organization: Podemos as a hybrid party', *Partecipazione e Conflitto* 10 (2017), pp. 275-305.

7 Jón Ólafsson, 'The Constituent Assembly: A study in failure', in *Iceland's Financial Crisis*, eds. ValurIngimundarson, Philippe Urfalino and Irma Erlingsdóttir (New York: Routledge, 2016), pp. 252-272.

8 Jeffrey A. Winters, *Oligarchy* (Cambridge: Cambridge University Press, 2011).

9 ウォルフガング・シュトレーク『時間稼ぎの資本主義 —— いつまで危機を先送りできるか』鈴木直訳、みすず書房、二〇一六年、九八頁。

10 Garcia Ó Agustin and Marco Briziarelli, 'Introduction: Wind of Change: Podemos, Its Dreams and Its Politics', in ed. *Podemos and the New Political Cycle*, ed. Garcia Ó Agustin and Marco Briziarelli (Cham: Springer International Publishing, 2018), pp. 3-22.

11 Íñigo Errejón and Chantal Mouffe, *Podemos: In the Name of the People* (London: Soundings, 2016), p. 68.

12 廣瀬純編『資本の専制、奴隷の反逆』航思社、二〇一六年、二一一頁。

な行

は行

ま行

ら行

索引

あ行

か行

さ行

た行

［訳者紹介］

山本 圭（ヤマモト ケイ） 訳

立命館大学法学部・准教授。専門は現代政治理論、民主主義論。名古屋大学・大学院国際言語文化研究科単位取得退学。博士（学術）。主な著作に『不審者のデモクラシー —— ラクラウの政治思想』（岩波書店、2016）、『ポスト代表制の政治学 —— デモクラシーの危機に抗して』（共編著、ナカニシヤ出版、2015）、『〈つながり〉の現代思想 —— 社会的紐帯をめぐる哲学・政治・精神分析』（共編著、明石書店、2018）などがある。訳書に、エルネスト・ラクラウ『現代革命の新たな考察』（法政大学出版局、2014）、ヤニス・スタヴラカキス『ラカニアン・レフト —— ラカン派精神分析と政治理論』（共訳、岩波書店、2017）などがある。

塩田 潤（シオタ ジュン） 訳

神戸大学・大学院国際協力研究科博士後期課程在籍。専門は政治社会学。ピサ高等師範学校人文社会科学研究科留学。研究対象はアイスランドにおける金融危機後の社会運動と制度内政治の関係性、とくに、運動政党、反緊縮運動、憲法改正運動。論文に「アイスランド海賊党の台頭 —— 政治的意思決定プロセスにおける排除と包摂」（『北ヨーロッパ研究』第13巻、2017）などがある。

[著者紹介]

シャンタル・ムフ（Chantal Mouffe）　著

ベルギー生まれ。現在、ウェストミンスター大学民主主義研究所教授（政治理論）。ハーバード大学、コーネル大学、プリンストン大学先端研究所、パリ国立科学研究センター（CNRS）などでの研究職や、コロンビア国立大学、ロンドン市立大学、ロンドン大学ウェストフィールド・カレッジなどの教授を歴任。パリ国際哲学カレッジにも参画。邦訳に、『政治的なるものの再興』（千葉眞・土井美徳・田中智彦・山田竜作訳、日本経済評論社、1998)、『民主主義の逆説』（葛西弘隆訳、以文社、2006)、『政治的なものについて』（酒井隆史監訳、篠原雅武訳、明石書店、2008)、エルネスト・ラクラウとの共著『民主主義の革命』（西永亮・千葉眞訳、ちくま学芸文庫、2012）などがある。

左派ポピュリズムのために

二〇一九年一月三一日　初版第一刷発行
二〇一九年九月一七日　初版第二刷発行

著　者――シャンタル・ムフ
訳　者――山本圭　塩田潤
発行者――大江道雅
発行所――株式会社 明石書店
〒一〇一-〇〇二一　東京都千代田区外神田六-九-五
電　話　〇三-五八一八-一一七一
ＦＡＸ　〇三-五八一八-一一七四
振　替　〇〇一〇〇-七-二四五〇五
http://www.akashi.co.jp
装幀　明石書店デザイン室
印刷・製本　モリモト印刷株式会社

（定価はカバーに表示してあります）
ISBN 978-4-7503-4772-1